Ferdinand Jaggi

Burnout praxisnah

Ferdinand Jaggi

Burnout praxisnah

lehmanns media

Impressum

Bibliografische Information der Deutschen Nationalbibliothek
Die Deutsche Nationalbibliothek verzeichnet diese Publikation in der Deutschen Nationalbibliografie; detaillierte bibliografische Angaben sind im Internet unter
`http://www.dnb.de` abrufbar.

5., erweiterte Auflage 2024

Helmholtzstr. 2-9
10587 Berlin

Umschlag: Jasmin Plawicki
Satz & Layout: LaTeX Volker Thurner, Berlin
Druck und Bindung: Elanders · Waiblingen

ISBN 978-3-96543-475-2 www.lehmanns.de

Inhaltsverzeichnis

Vor- und Geleitworte

Vorwort zur 5. Auflage

Auch nach weitgehender Eindämmung der Corona-Pandemie sind deren Folgeerscheinungen im beruflichen und häuslichen Umfeld der Bevölkerung allgegenwärtig. Als Schlagwort sei das Long-Covid-Syndrom erwähnt, welches nach wie vor auch die Fachwelt in Atem hält. Noch viel zu wenig weiß man konkret über die genauen Ursachen. Auch die therapeutischen Möglichkeiten werden derzeit kontrovers diskutiert.

Ich habe mich daher in der Neuauflage auf ein paar praxisbezogene Maßnahmen gegen die emotionale Leere (Languishing), Einsamkeit und Erschöpfung der Pandemie-Helfenden zur Eindämmung der C-19-Stressfolgeerkrankungen beschränkt.

Zürich, im März 2024
Dr. med. Ferdinand Jaggi

Vorwort zur 4. Auflage 2021

Eine Schweizer Tageszeitung stellte mir im März 2020 folgende Frage:

> Das Coronavirus setzt seit Wochen Menschen weltweit unter Stress. Sind auch dadurch mehr Stressfolgeerkrankungen zu erwarten bzw. behandeln Sie deswegen bereits Patienten?

Meine Antwort hierzu ist ein klares JA!

Die seit kurzem bestehenden völlig ungewohnten, „kriegsähnlichen" Lebensumstände mit verordneter Isolation und Quarantäne haben bereits in den ersten Tagen der Pandemie bei vielen Menschen zu gedrückter Stimmungslage, Konzentrationsstörungen, Angstzuständen und schlechtem Schlaf geführt. Beim extrem geforderten medizinischen Personal sind körperliche und psychische Erschöpfungszustände mit Somatisierungsstörungen (Kopfschmerzen, Migräne, Bauchbeschwerden mit Verdauungsstörungen und Rückenschmerzen) vorhanden. Eine entsprechende Zunahme von solchen Erkrankungen ist in der Allgemeinpraxis feststellbar.

Nach 9 Monaten Pandemie-Erfahrung muss ich nunmehr leider feststellen, dass die C19-induzierten sozialpsychologischen Folgen von enormer Tragweite sind und neben der berufstätigen Bevölkerung auch die Pensionierten und alten Menschen unter Stressfolgeerkrankungen leiden.
Im Berufsleben hat die Arbeitsplatzsicherheit wegen durchgeführter oder drohender Lockdowns massive Einbußen zur Folge. Das führt zu wirtschaftlicher Ungewissheit, welche bekanntlich zu den schwersten Belastungsfaktoren des Alltags zählt.
Bei älteren Mitmenschen ist die Absonderung wegen räumlicher Distanzierungsvorschriften im häuslichen oder heimplatzierten Exil ein extremer Stressfaktor. Er geht oft mit Trauer, Frustration, Minderwertigkeits- und Verlassenheitsgefühlen bis zur Verzweiflung einher. Wegen dieser Umstände sind unsere psychiatrischen sowie psychologischen Institutionen und Therapiepraxen (nicht nur Intensivstationen in Krankenhäusern) an die Grenzen Ihrer Belastbarkeit gelangt.

In diesem Kontext kann festgehalten werden, dass unsere Gesellschaft heute generell zu viel Stress ausgesetzt ist. Gerade in der gegenwärtigen Krise sollten die in der vorliegenden Neuauflage skizzierten Maßnahmen der Resilienz zum Tragen kommen.
Unter anderem dürfte fruchtbringend sein, mehr Wert auf Sinn-Erfahrungen in Familien-, Liebes- und Arbeitsbeziehungen einfließen zu lassen nach dem Motto:

„Nichts brauchen wir dringender als Wertschätzung, Mitgefühl und Achtung. Menschen brauchen Menschen!“

Zürich, im Januar 2021
Dr. med. Ferdinand Jaggi

Vorwort zur 3. Auflage 2019

Der Begriff „Burnout" ist heute mindestens so aktuell wie 2007, als die erste Auflage dieses Kompendiums erschienen ist.

In unserer modernen, globalisierten Welt, die von Hektik und permanenter Erreichbarkeit dominiert ist, scheint die Trennung von Freizeit und Arbeitszeit zur Seltenheit verkommen zu sein. Aufgrund von immer zahlreicheren Vorgaben und höheren Erwartungshaltungen der Arbeitgeber zieht man es vor, immer am Ball zu bleiben und – beispielsweise – die E-Mails täglich abzuarbeiten. Dies gehört ja zum guten Ton heutzutage! Nichts darf auf die lange Bank geschoben werden, alles ist dringend und zeitnah aufzuarbeiten!

Unter diesen Umständen fühlen sich immer mehr Menschen überfordert, nicht zuletzt wegen der komplexeren auf kurzzeitigen Horizonten basierenden Entscheidungsfindungen gepaart mit überbordendem Informationsfluss auf allen Ebenen. Alarmierend sind Resultate der australischen Beratungsfirma Virgin Pulse, die 1,5 Millionen Arbeitnehmer in 4.500 Unternehmen weltweit befragte: rund drei Viertel der Befragten fühlen sich gestresst am Arbeitsplatz, über ein Drittel gar extrem. Dabei zeigten viele Arbeitnehmer erste Anzeichen von drohenden Stressfolgeerkrankungen.

In diesem Kontext ist es nicht verwunderlich, dass die WHO beruflichen Stress als eine der größten Gesundheitsgefahren des 21. Jahrhunderts bezeichnet.

In dieser Neufassung meines Kompendiums wurde entsprechend auf diverse prophylaktische wissenschaftliche Methoden des Stressmanagements besonders Wert gelegt.

Resilienz heißt das neue Zauberwort, wenn von Bewältigungsstrategien im Umgang mit Stress die Rede ist. Bezeichnet wird damit die psychische Widerstandsfähigkeit, um belastende Lebenssituationen gelassen bewältigen zu können. Resilienz schützt vor Burnout und kann aktiv gefördert werden. Zuvorderst stehen dabei Entspannungstechniken wie Achtsamkeitsübungen in der Natur und Meditation. Im Arbeitsalltag eignen sich Maßnahmen wie der bewusste Verzicht auf Multitasking. Bewusstes und fortgesetztes sogenanntes serielles Monotasking schafft dagegen Zeiträume, in denen man sich nur einer Aufgabe mit hoher Konzentration und Effizienz widmet.

Weitere in Studien belegte Mechanismen der Burnout-Prophylaxe sind Mitgefühl und Anteilnahme. Sie machen Mitmenschen zufriedener, der Teamgeist und die Zusammenarbeit werden gefördert, was sich positiv auf die Leistungen und die Atmosphäre im Arbeitsleben auswirkt.
Konkret heißt dies: genießen Sie mit Ihren Mitarbeitern und Mitarbeiterinnen, Ihrer Familie, Ihren Freunden einen animierenden Schwatz in der Kaffeepause, am Mittagstisch, beim 5-Uhr-Tee... Entspannung führt zu höherer Produktivität und Einsparungen im Gesundheitswesen...
Möge die vorliegende Neubearbeitung dieses Büchleins dazu beitragen!

Zürich, im Januar 2019
Dr. med. Ferdinand Jaggi

Mein besonderer Dank gilt:

- Allen Mitarbeitern und Mitarbeiterinnen des Verlags Lehmanns Media GmbH, Berlin, für die kompetente Umsetzung und Begleitung meiner Anregungen und Ideen
- Meiner Frau Gabi und meinen Kindern Christina und Florian für ihr Verständnis und Geduld bei manchen Nachteinsätzen des Verfassers

Dr. med. Ferdinand Jaggi
Facharzt FMH Allgemeine Innere Medizin
Lehrbeauftragter der Medizinischen Fakultät der Universität Zürich
Rütihofstraße 49
CH 8049 Zürich
E-Mail: gf.jaggi@hin.ch

Geleitwort zur 2. Auflage 2015

Das Werk von Dr. Ferdinand Jaggi ist eine außergewöhnliche und inspirierende Aufforderung, mehr über das berufliche Erschöpfungssyndrom zu erfahren. Dieses gemeinhin als „Burnout" bezeichnete Phänomen ist immer weiter verbreitet und zeichnet ein vermutlich recht getreues Abbild der Konsequenzen der heutigen Arbeitsorganisation.
Burnout widerspiegelt in der Tat gewisse riskante Entwicklungen zahlreicher Unternehmen und Institutionen, in denen die Logik des Profits bis auf die Spitze (und darüber hinaus) getrieben wird, wo das berufliche Umfeld als Verstärker der sozialen Bindungen unterschätzt wird, wo der Leistungsdruck stetig steigt und der Kult der Unmittelbarkeit und des Profits zelebriert wird.
Burnout ist ein schleichender Prozess mit verschiedenen Stadien. Chronischer Stress belastet die Resistenzfähigkeit des Individuums; Körper und Geist werden zunehmend geschwächt und die psychologischen Ressourcen, die für das Engagement und die Motivation am Arbeitsplatz notwendig sind, schwinden. Wohl betrifft die Erschöpfung zu Beginn nur das Arbeitsumfeld, doch greift sie danach ganz allmählich auch auf das Privatleben, auf die sozialen Kontakte und die Psyche der Betroffenen über. Das innere Gleichgewicht geht langsam verloren, die Kontakte mit dem Umfeld werden immer schwieriger, bis es plötzlich zur Verhaltenskrise und zum Bruch kommt. Die dadurch entstandene Not ist dann so groß, dass es mitunter schwierig ist abzuschätzen, ob nicht bereits die Grenze zu einer Depression überschritten wurde.
Burnout oder Depression? Ist Burnout nicht einfach eine sozial weniger stigmatisierende, gar beschönigende Bezeichnung für ein Stimmungstief, das in Tat und Wahrheit nichts anderes ist als ein depressiver Zustand? Ist es nicht sozial angemessener, die eigenen Probleme mit dem großen beruflichen Engagement zu begründen, das alle Energiereserven aufgebraucht und ein Burnout verursacht hat? Denn der Begriff „Depression" deutet noch zu häufig auf eine persönliche Schwäche hin.

Diese Fragen werden oft diskutiert und sind nach wie vor aktuell. Auch darf nicht vergessen werden, dass das berufliche Erschöpfungssyndrom in den internationalen nosologischen Referenz-Klassifika-

tionssystemen für psychiatrische Diagnosestellungen wie das CIM-10 oder das DSM-5 weiterhin nicht als eigenständige Störung anerkannt ist. Jedoch gibt es in der Entwicklung der beiden Erkrankungen Unterschiede: Bei Burnout-bezogenen Problemen betrifft die Erschöpfung zu Beginn nur den beruflichen Bereich, klingt aber wieder ab, sobald Distanz zur Tätigkeit gewahrt werden kann. Bei einer erwiesenen Depression ist dies nicht der Fall.
Das Buch von Dr. Jaggi verbindet wissenschaftliche Informationen mit praktischen Ratschlägen aus seiner langjährigen, persönlichen klinischen Erfahrung. Der Inhalt wird die Neugier von Fachpersonen (Ärzten und Psychologen) wecken, wird aber insbesondere Burnout-Betroffenen Wege aus dem Tunnel zeigen, der ihre Lebensqualität gefährdet.

Genf, 12. Januar 2015
Prof. Dr.med. Guido Bondolfi

Vorwort zur 2. Auflage 2015

Burnout ist keine Erfindung der Neuzeit. Bereits im Alten Testament gibt es Passagen, in denen bei Anführern wie Moses, aber auch bei Leuten aus dem Volk, Erschöpfungssymptome beschrieben werden:

> „Es ist nicht gut, was du tust. Du machst dich zu müde, dazu das Volk auch, das mit dir ist. Das Geschäft ist dir zu schwer; du kannst's allein nicht ausrichten." [6]

Ende des 19. Jahrhunderts verwendete der Neurologe Miller Beard den Begriff „Neurasthenie" für ein Übel, das als industrialisierungs- und urbanisierungsbedingte Zivilisationskrankheit galt und welches vor dem Hintergrund der Rastlosigkeit der neuen industriellen Gesellschaft als Ausdruck der Überreizung des Nervensystems gewertet wurde. [37]
Burnout-Symptome wurden also bereits vor unserem Zeitalter beschrieben. Der Begriff hingegen wurde erst im letzten Jahrhundert geprägt, und zwar im Bereich der Kernphysik, zur Beschreibung des Durchbrennens von überhitzten Brennstoffelementen. In der Medizin wurde die Bezeichnung erstmals vom New Yorker Psychiater Herbert Freudenberger verwendet. Für ihn war Burnout eine nicht stigmatisierende Art, emotionale Erregtheit, Leistungsprobleme und begleitende physische Symptome zu kommunizieren. [37]
Seit ungefähr zehn Jahren hat das Thema „Burnout" Hochkonjunktur. Die Anzahl psychisch erschöpfter Patienten mit körperlichen Symptomen in meiner Praxis hat stetig zugenommen. Gleichzeitig hat das Syndrom an Konturen gewonnen. Doch Diagnostik, Therapie und Prävention wurden bislang oft nur in Umrissen festgehalten. Das Buch versucht, diese Themen zu konkretisieren und auf prägnante, wirkungsvolle Handlungspfade zu vereinfachen. Damit sei zunächst ein pragmatisches Werkzeug in die Hand des Therapeuten gelegt. Aber auch für Patienten, deren familiäre und berufliche Bezugspersonen, Personalmanager, Sozialarbeiter, Gesundheitspolitiker und allgemein für alle Burnout-Interessierten werden die Ausführungen von hohem praktischen Nutzen sein.

Vorwort zur 1. Auflage

Seit 2005 nahm die Anzahl psychisch erschöpfter Patienten mit körperlichen Symptomen und sozialen Problemen in meiner Praxis stetig zu. Das Syndrom „Burnout" gewann gleichzeitig an Konturen und ist heute in aller Munde. Doch wurden Diagnostik, Therapie und Prävention oft nur in Umrissen festgehalten.
Das Buch versucht, diese Dinge zu konkretisieren und auf prägnante, wirkungsvolle Handlungspfade zu vereinfachen. Damit sei zunächst ein pragmatisches Werkzeug in die Hand des Therapeuten gelegt. Aber auch für Patienten, deren familiäre und berufliche Bezugspersonen, Personalmanager, Sozialarbeiter, Gesundheitspolitiker und allgemein für alle an „Burnout" Interessierten werden die Ausführungen von hohem praktischen Nutzen sein.
Mein besonderer Dank gilt:

- Herrn Felix Ruppanner, Firma Organon AG, für wertvolle Anregungen und die überaus großzügige Realisierung des Buchprojekts,
- Herrn Prof. Dr. med et Dipl.-Psych. Wulf Rössler und Frau Beate Schulze, MA, für die kompetenten Geleitworte,

Zürich, im November 2007

Dr. med. Ferdinand Jaggi

Geleitworte zur 1. Auflage

Prof. Dr. med. Dipl. Psych. W. Rössler

Der Begriff „Burnout“ hat eine rasante Verbreitung erfahren. „Burnout“ entspricht dem Lebensgefühl breiter Bevölkerungsschichten: obwohl objektiv in gesicherten Verhältnissen lebend, wird subjektiv der alltägliche Stress als zunehmend nicht mehr zu bewältigende Belastung empfunden. Die Anfälligkeit für ein „Burnout“ ist allerdings unterschiedlich ausgeprägt: dies sind häufig die „Hingebungsvollen“, die keine klaren Grenzen zwischen Arbeit und Freizeit ziehen können. Therapeutisch kommt ein ganzes Spektrum unterschiedlicher Therapieansätze zum Einsatz; von der klassischen Psychotherapie über Entspannungstechniken, Erlernen neuer Bewältigungsstrategien, Zeitmanagement bis hin zu einer kombinierten medikamentösen Therapie. Wer sich einen raschen Überblick über „Burnout“, Entstehungsmechanismen, überlappende Krankheitsbilder und verschiedene therapeutische Ansätze verschaffen will, findet in diesem Büchlein einen idealen Einstieg. Ferdinand Jaggi informiert praxisnah, kompetent und konzentriert sich auf die Bedürfnisse der therapeutischen Praxis.

Zürich, im November 2007

Prof. Dr. med. Dipl. Psych. W. Rössler

Ordinarius für klinische Psychiatrie, besonders Sozialpsychiatrie, und Klinikdirektor der Klinik für Soziale Psychiatrie und Allgemeinpsychiatrie ZH West der Psychiatrischen Universitätsklinik Zürich, Leiter Forschungsbereich Klinische und Soziale Psychiatrie

Beate Schulze, M. A.

Burnout ist heute populär wie selten zuvor. Es scheint den Nerv von Vielen zu treffen, die mit der globalisierten Leistungsgesellschaft Schritt zu halten versuchen. In Medien und Politik kommt dem Thema Stress und seinen gesundheitlichen Folgen verstärkte Aufmerksamkeit zu. Gleichzeitig steht Burnout quasi als Leistungsausweis – man hat für die Arbeit alles gegeben.
Dieses Bild erleichtert vielen Menschen, für psychologische und gesundheitliche Stressfolgen Hilfe in Anspruch zu nehmen. Mit der Selbstdiagnose „Burnout" konfrontiert sind viele behandelnden Ärztinnen und Ärzte zunächst ratlos, handelt es sich doch nicht um eine offizielle medizinische Diagnose. Folglich fehlt es bislang an klaren Behandlungsleitlinien.
Mit diesem Buch liegt nun erstmals ein kompakter Überblick zu Diagnose und Therapie des Burnout-Syndroms vor. Aufbauend auf langjähriger klinischer Erfahrung stellt Ferdinand Jaggi ein hervorragendes praxisnahes Kompendium zusammen, das sowohl für Behandler als auch für Patienten, Angehörige und Arbeitgeber eine klare Orientierung zu Früherkennung, Präventionsmöglichkeiten und Therapieansätzen bietet.
Ebenso wie die Arbeitswelt ist das Gesundheitswesen vielfältigen Veränderungen unterworfen. Auch fär Ärztinnen und Ärzte wird der Stress nicht weniger. Die Aufmerksamkeit stets auf die Patienten gerichtet besteht zudem die Gefahr, die eigene Gesundheit aus den Augen zu verlieren. Nicht zuletzt ist das vorliegende Buch auch ein wichtiges Nachschlagewerk für die professionelle Selbstsorge.

Zürich, im November 2007

Beate Schulze, M. A.

Leiterin Zürcher Empowerment Programm für Stressmanagement und Burnout-Prävention an der Psychiatrischen Universitätsklinik Zürich

1 Historischer Hintergrund

Burnout nach Auffassung Freudenbergers (beruflich bedingtes emotionales Erschöpfungssyndrom)

Die Entdeckung des Burnout-Syndroms durch Herbert Freudenberger ist nicht das Ergebnis langjähriger Forschung, sondern vielmehr das Fazit aus einem persönlichen Erlebnis des New Yorker Psychoanalytikers. Im Jahre 1974 schreibt er in seiner ersten Publikation über das Burnout: [20]

> „Was wir aufbauen, sind unsere Talente und Fähigkeiten; was wir einbringen, sind Überstunden für ein Minimum an finanziellem Ausgleich. Wir arbeiten zu viel, zu lange und zu intensiv.
>
> Wir fühlen einen inneren Druck zu arbeiten und zu helfen, und wir fühlen einen Druck von außen, zu geben… Aber genau wegen dieses Engagements tappen wir in die ‚Burnout-Falle'."

In dieser Situation fühlte sich Herbert Freudenberger zunehmend erschöpft, ausgelaugt, müde, resigniert, unausgeglichen und überreizt. Er geriet dabei in einen Zustand totaler psychischer und physischer Erschöpfung:

> „Für den Burnout-Betroffenen ist es schlicht zu schwierig, seine Gefühle zurückzuhalten. Es steigen ihm nur allzu leicht die Tränen in die Augen".

In einem 1980 erschienenen Buch definierte Herbert Freudenberger das Burnout folgendermaßen:

> „Als Psychoanalytiker und praktischer Arzt habe ich festgestellt, dass Menschen genau wie Häuser ab und zu Opfer von Bränden werden. Durch die Anspannung, die das Leben in unserer komplexen Welt mit sich bringt, werden ihre inneren Ressourcen aufgebraucht und wie von Flammen verzehrt. Zurück bleibt nur eine riesige innere Leere, auch wenn die äußere Hülle mehr oder weniger intakt scheint."[21]

Wer erleidet ein Burnout?

„The dedicated": die Hingebungsvollen.
„The committed": die ihrer Aufgabe Verpflichteten (Überidentifizierten).

Zeitliches Auftreten

Das Burnout-Syndrom kann ungefähr ein Jahr nach Beginn der Tätigkeit in einem Unternehmen in Erscheinung treten (Herausforderung gemeistert, drohende Monotonie, Weiterkommen blockiert).

Präventive/therapeutische Strategien Freudenbergers

1. Trainings-/Eingewöhnungsprogramm für Mitarbeiter
2. Die persönlichen Ansprüche hinterfragen: Sind sie realistisch oder unrealistisch?
3. Begrenzung der Arbeitsstunden (Freizeit heißt, wirklich „frei" zu haben)
4. Klare Urlaubsregelungen, Flexibilität bewahren
5. Pflege von Kollegialität und positivem Interaktionsklima in Gruppen
6. Gelegentliche Wechsel des Tätigkeitsbereichs, um monotonen Abläufen vorzubeugen

7. Austausch mit Kollegen über den Umgang mit der Belastung, um diese zu begrenzen
8. Organisation von Workshops, um den Mitarbeitern eine Pause zu ermöglichen, in der sie die „leeren Batterien“ aufladen können
9. Erhöhung der Anzahl Mitarbeiter, Umverteilung der Arbeit
10. Körperliche Fitness durch Training

Positiv ist: Urlaub im Sinne eines physischen und psychischen Fernbleibens von der krankmachenden Institution.

Autonomie-Postulat Freudenbergers (1974)

Burnout ist keine Neurose oder andere psychiatrische Diagnose. Burnout hat keine pathologische Qualität mit Stigmatisierungpotenzial („Mir geht es zwar nicht gut, aber ich bin keinesfalls psychisch krank oder gestört.“)

Burnout in dieser Konzeption ist ein neuer Weg, um reduzierte psychische Belastbarkeit, verminderte Leistungsfähigkeit, gedrückte Stimmung und mögliche erlebte körperliche Beschwerden nahezu stigmatisierungsfrei erleben und kommunizieren zu können.

2 Definition „Burnout“

Die Weltgesundheitsorganisation (WHO) hat in einer Stellungnahme vom Mai 2019 bezüglich Burnout von einem Faktor gesprochen, der die Gesundheit beeinträchtigen kann. Das Gefühl des Ausgebranntseins resultiert demnach aus chronischem Stress am Arbeitsplatz, der unter anderem zu einer negativen Einstellung zum Job und zu geringerer Leistungskraft führen kann. [90]

Heute wird Burnout als tridimensionales Syndrom definiert, das berufliche Erschöpfung, Depersonalisierung (Distanz gegenüber sich selbst, Entfremdung) und den Verlust an Leistungsfähigkeit umfasst. Ein Burnout ist also ein Zustand von körperlicher, emotionaler und psychischer Erschöpfung, ausgelöst durch eine zu große Arbeitsbelastung. Es handelt sich nicht um eine arbeitsbedingte Müdigkeit, sondern vielmehr um einen fortschreitenden Prozess, der abwechslungsweise von Erschöpfung und Anspannung begleitet ist. Das Verhältnis zwischen persönlichem Einsatz und Zufriedenheit (emotionale Bilanz) ist nicht mehr ausgeglichen.[69]

Die Faktoren, welche die emotionale Bilanz negativ beeinflussen, sind auf verschiedenen Ebenen anzusiedeln: Probleme am Arbeitsplatz, Persönlichkeitsmerkmale (insbesondere Idealismus und Perfektionismus) sowie Konflikte in zwischenmenschlichen Beziehungen, mit Freunden und der Familie.

Im Schema von Hillert und Marwitz (Abb. 2.1) werden psychische Störungen gemäß ihrer Komplexität unterschiedlich groß dargestellt. Empirisch kommt es daher zu Überschneidungen mit anderen Messgrößen, und so ist Burnout praktisch nicht mehr fassbar und als eigenständige Störung kaum definierbar. Schon 1982 zählten Perlman und Hartmann 50 verschiedene Burnout-Definitionen auf, mit mehr als 100 unterschiedlichen psychischen und physischen Symptomen.

Trotz dieser Umstände definiert die Welt der Forschung gemäß dem Autonomie-Postulat von Freudenberger (siehe S. 23) Burnout als eigenständiges Konstrukt, bei dem die beeinflussenden Störungsfaktoren (Depression, Emotionalität, Stress) zwar mitgemessen, aber häufig nicht mitgeteilt werden (Abb. 2.2). [35]

Klassifikation

Diese Definitionsschwierigkeiten beeinträchtigen auch die generelle Einordnung des Burnouts, das als Fehlentwicklung gilt, welches zu „schwereren" psychischen Erkrankungen führen kann. Ursprünglich als Anpassungsstörung angesehen, war das Burnout im DSM-IV noch nicht erfasst: im DSM-V zählt es zu den Berufskrankheiten (V 62.29(Z 56.9). [69] In der Internationalen Klassifikation psychischer Störungen ICD-10 ist das Burnout als eigenständige Gesundheitsstörung aufgeführt (Z 73.0: Erschöpfungssyndrom (Burnout-Syndrom) unter Kapitel Z 73: „Probleme und Schwierigkeiten bei der Lebensbewältigung").

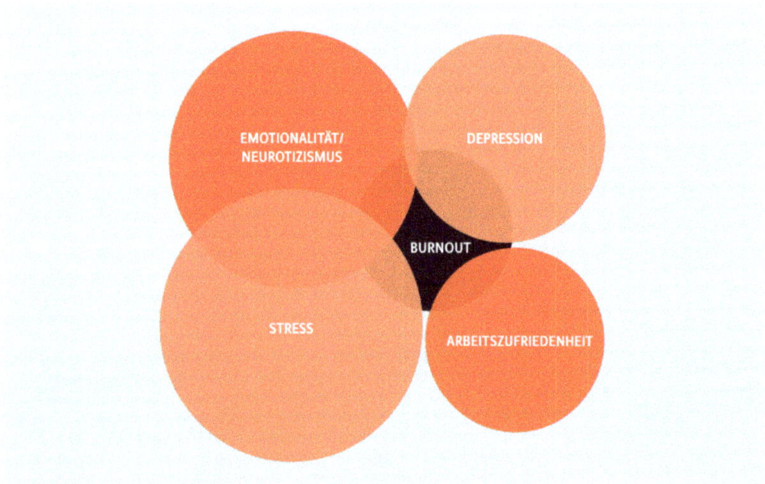

Abbildung 2.1: Aufgrund der Überschneidung mit anderen Messgrößen ist Burnout nur schwer identifizierbar.

Diese Unsicherheiten in der Klassifikation des Burnouts haben ganz konkrete Konsequenzen: Damit Burnout-bezogene Leistungen von den Krankenkassen erstattet werden, muss oft der Folgezustand im Sinne einer „depressiven Entwicklung" respektive „Depression" (F 32

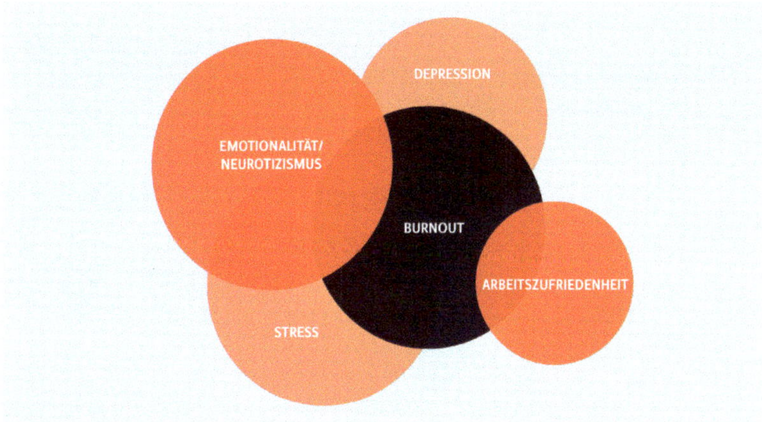

Abbildung 2.2: Wegen des Autonomie-Postulates von Freudenberger wird Burnout als eigenständiges Konzept zentral hervorgehoben. Andere beeinflussende Faktoren werden zwar mit einbezogen, ohne aber regelmäßige Erwähnung zu finden.

/ F 33) nach ICD-10 oder Anpassungsstörung (F 43) nach ICD-10 verwendet werden.

Depression oder Burnout?

Burnout ist also keine Krankheit im engeren Sinne mit Diagnosekriterien, die eindeutig zugeordnet werden können.

Aus der Sicht des Patienten ist Burnout zwar keine seelische Erkrankung, aber doch wie eine Krankheit zu verstehen, wobei den Betroffenen (wie bei den klassischen Krankheiten) keine Schuld trifft. Wichtig für den Patienten ist die Feststellung: „Ich habe eine ‚Krankheit' (Burnout), bin aber gleichzeitig nicht psychisch krank" (keine Stigmatisierung, Erhalt von positivem Selbstbild). In diesem Zusammenhang ist es für Therapeuten wichtig, im Sinne der Kundenorientierung und im therapeutischen Vertrauen die Patienten dort abzuholen, wo diese stehen. Doch darf die Modediagnose „Burnout" nicht überstrapaziert werden. Es könnte beispielsweise eine larvierte Depression vorliegen, die spezifischer therapiert werden muss.

Die Hauptsymptome der Depression:

- Gedrückte Stimmung/Freudlosigkeit (Morgentief, „Ich könnte fortwährend heulen")
- Verlust von Interessen und Freude (mangelnde Körperpflege, Isolierung von der Umgebung)
- Erhöhte Ermüdbarkeit und verminderter Antrieb („Was ich sonst mit links mache, geht nicht mehr". „Am liebsten wäre ich den ganzen Tag im Bett").

Darüber hinaus kann eine Projektion der psychischen Erkrankungen auf den Körper stattfinden (Somatisierung) mit entsprechenden körperlichen Symptomen, ohne dass wirkliche somatische Schäden vorliegen (z. B. Glieder-/Kopf-/Rückenschmerzen, Magendruck, Herzstechen).
Gemäß ICD-10-Diagnosesystem der WHO (F 32 und F 33) [17] müssen zur Diagnostizierung einer depressiven Episode (leichte, mittelgradige, schwere Episode) bestimmte depressive Symptome während einer bestimmten Zeitdauer ausreichend häufig vorliegen:

1. Ausgeprägte depressive Verstimmung
2. Verlust von Freude und Interessen
3. Antriebsminderung und Müdigkeit
4. Einbruch von Selbstvertrauen und Selbstwertgefühl
5. Übertriebene Selbstvorwürfe und Schuldgefühle
6. Körperliche Symptome (z. B. Störungen des Essverhaltens mit Gewichtsveränderungen).

Während bei einer Depression die Patienten antriebslos sind und ihre Zukunft nur negativ sehen, haben Burnout-Betroffene das Bedürfnis zu handeln und hegen Ideen und Pläne für die Zukunft. Auch zeigen sie in der ersten Krankheitsphase Zeichen von beruflichem Überengagement. Dazu sind depressive Personen absolut nicht in der Lage. Burnout-Betroffene können jedoch diese Ziele aufgrund ihrer großen Erschöpfung nicht erreichen.

In der Anfangsphase unterscheidet sich ein Burnout deutlich von einer Depression. Je fortgeschrittener ein Burnout aber ist, desto mehr gleicht es einer depressiven Episode. Bildlich gesprochen überlappen Burnout-Symptome mit zunehmender Intensität der Krisensituation mit der Symptomatologie der Depression.
D. Hell, Zürich, präsentiert am Symposium „Burnout im Spannungsfeld zwischen Lebenskrise und psychiatrischer Krankheit", Privatklinik Hohenegg, Meilen, Juni 2007) (Abb. 2.3).

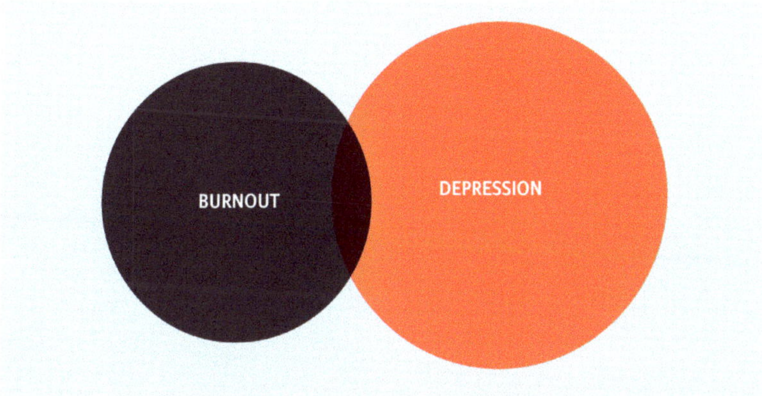

Abbildung 2.3: Burnoutsymptome überlappen bei zunehmender Intensität mit der Symptomatologie einer Depression (D. Hell, Präsentation „Burnout", Juni 2007)

Burnout und Depression sind letztlich nicht eindeutig voneinander zu trennen!

Im Rahmen einer konzeptionellen Unterscheidung müssen folgende Faktoren berücksichtigt werden:

- Burnout ist in erster Linie die Folge von beruflicher Überlastung
- Depression ist nicht auf berufliche oder andere psychosoziale Belastungen beschränkt (z. B. Verlust des Arbeitsplatzes oder des Partners), sondern schließt auch körperliche Symptome mit ein

- Die wahren Ursachen einer Depression bleiben häufig unbekannt.

3 Ursachen und Entstehung

Die Ursachen, die zu einem Burnout führen können, sind vielfältiger Natur. Kurz zusammengefasst lässt sich jedoch festhalten, dass die Krankheit von Umweltfaktoren und/oder Persönlichkeitsmerkmalen wie der seelischen Verwundbarkeit ausgelöst wird. Umwelteinflüsse haben oft ihren Ursprung in unserer Gesellschaft, in der die Leistung am Arbeitsplatz sehr stark gewichtet wird. Die individuelle Veranlagung wiederum steht in direktem Zusammenhang mit dem äußeren Druck: Zu hohe Ansprüche an sich selbst favorisieren Stress. [71]

Theoretische Modelle

Zur Erklärung der Entstehung von Burnouts wurden zwei theoretische Modelle entwickelt. [37]
Das erste Modell ist das „Anforderungs-Kontroll-Modell“ von Karasek und Theorell. [42] Zu den Arbeitsanforderungen zählen hier insbesondere die Arbeitsbelastung, regelmäßiger und häufiger Kundenkontakt und hoher Zeitdruck. Diese Faktoren stehen dem fehlenden Handlungsspielraum des Betroffenen gegenüber, die Anforderungen an seine Arbeit konkret zu beeinflussen. Anhand dieses Modells wird verständlich, weshalb einzelne Berufsgruppen anfälliger für Burnouts sind als andere.
Das zweite Modell ist das „Modell der Gratifikationskrise“ von Siegrist. [81] Im Normalzustand sollten die Arbeitsanforderungen im richtigen Verhältnis zu den Entschädigungen (Gratifikationen) stehen, die man für die geleistete Arbeit erhält. Befinden sich hingegen Anforderungen und Gratifikationen im Ungleichgewicht, besteht ein erhöhtes Burnout-Risiko. Die Gratifikationen umfassen dabei nicht nur die geldwerten Entschädigungen, sondern auch den sozialen Status. Dieses Modell zeigt, dass Burnouts nicht nur durch zu hohe Arbeitsbelastung ausgelöst werden.

Der Weg zum Burnout

Burnout wird durch Stress ausgelöst, der nicht mehr bewältigt werden kann. In diesem Prozess senken Persönlichkeitsmerkmale die Belastbarkeit (Dysthymie: mangelndes Selbstvertrauen, erhöhte Verletzlichkeit bei Enttäuschungen/Verlusterfahrungen).
Dies erhöht die Anfälligkeit für Stress. In der Folge ergibt sich ein Zustand von zunehmendem Ausbrennen mit sinkender Arbeitszufriedenheit. Langfristig kann sich eine depressive Entwicklung einstellen.
Matthias Burisch zeigt einen typischen Krankheitsverlauf auf. [10, S. 25–26]
In der Anfangsphase sind einerseits zunehmende psychische Erschöpfungszeichen festzustellen und andererseits ein Überengagement.

Wer ausbrennt, muss zuerst einmal gebrannt haben!

Mit der Zeit nimmt die Lust zu arbeiten ab, man distanziert sich innerlich („innere Kündigung") und es kommt zu regressiven Stimmungen des Versagens.
Auch aggressive Verhaltensweisen mit Rundumschlägen an Vorwürfen mit destruktivem Kritikverhalten und negativistischen Einschätzungen gewinnen zunehmend an Raum.
Im gesamten emotionalen, sozialen und geistigen Leben kann eine progressive Verflachung mit Rückzugsdenken auftreten.
Dazu kommen häufig psychosomatische Beschwerden wie Verspannungsgefühl der Muskulatur, Kopfschmerzen, Verdauungsbeschwerden (Übelkeit und Krämpfe), Schwindel, Gleichgewichtsstörungen und Schlafprobleme. Auch eine erhöhte Anfälligkeit für virale und bakterielle Infekte kann beobachtet werden.
Schließlich kann sich eine bedrohliche Verzweiflung breit machen, die mit Hoffnungslosigkeit, Sinnlosigkeitsgefühlen und sogar Selbstmordgedanken einhergeht.

Häufige Aussagen von Betroffenen während der Therapiesitzungen:
„Ich fühle mich wie in einer Falle."
„Ich weiß keinen Ausweg mehr."
„Ich bin in einer aussichtslosen Lage."

Die Burnout-typischen physiologischen, klinischen und psychischen Symptome sind größtenteils deckungsgleich mit der Symptomatologie der drei Phasen einer Stressreaktion. Auf diese Phasen geht Kapitel 6 näher ein.

4 Forschung und diagnostische Werkzeuge

Um 1974 interessierte sich Christina Maslach, Sozialpsychologin an der Universität Berkeley, Kalifornien, für zwei Phänomene:

1. „Detached concern", distanzierte Anteilnahme: ideale Grundhaltung in medizinischen Berufen. Der Profi hält mit traumwandlerischer Sicherheit die Balance zwischen Empathie und eigener seelischer Ausgeglichenheit.

2. „Dehumanisierung": Zustand ausgeprägter emotionaler Distanz gegenüber den Mitmenschen. Die Verfilmung des „Stanford-Gefängnis-Experimentes" veranschaulicht sehr eindrücklich diesen Zustand. Philip Zimbardo, Psychologe an der Universität Stanford, Kalifornien, ließ bei diesem Experiment in einer Art Abenteuerurlaub zwölf gesunde Studenten die Rollen von Gefangenen und deren Wärtern übernehmen. Das Experiment geriet nach nur fünf Tagen außer Kontrolle: Die ursprünglich wohlerzogenen, anständigen Studenten-Wärter mutierten zu Bösewichten, die auch vor Folter und Misshandlung nicht zurückschreckten (Entkleidung, Fesselung etc.). Das Experiment musste abgebrochen werden. In einem Gespräch mit einem Anwalt stellte dieser fest, dass ein solches Phänomen auch unter seinen Kollegen verbreitet sei. Man bezeichne das als „Burnout". Auch bei Krankenpflegepersonal wurde dieses festgestellt. In der Folge erarbeitete Christina Maslach als Instrument zur Untersuchung des Burnouts in größeren Personengruppen das 25 Fragen umfassende „Maslach-Burnout-Inventar" (MBI). [60] [59]

Das Original Maslach-Burnout-Inventory (MBI)

Im „Maslach-Burnout-Inventory“ [35, S. 102–103] (s. Seite 37) werden Aussagen zu arbeitsbezogenen Gefühlen und Gedanken analysiert. Es erlaubt so eine mehrdimensionale Darstellung des Burnouts bezüglich der folgenden Merkmale:

- Emotionale Erschöpfung (9 Aussagen)
- Depersonalisierung (5 Aussagen)
- Persönliche Leistungsfähigkeit (8 Aussagen)
- Involviertheit (3 Aussagen): In der deutschen Übersetzung des MBI integriert, aber in der Grundversion von C. Maslach ursprünglich nicht enthalten.

Das MBI erlaubt nur:

- Eine Selbsteinschätzung
- Die Ableitung einer Tendenz für ein Burnout.

Vorteile des MBI:

- Auswertung innerhalb von 10 Minuten (ökonomisch)
- Gute Reproduzierbarkeit (Reliabilität).

Nachteile des MBI:

- Lange Dauer zur Beantwortung (10 bis 15 Minuten)
- Ursprüngliche Zielgruppe: Gesundheitsberufe (Ärzte, Pflegefachpersonen, Angestellte in Pflegeheimen)
- Nur im Zusammenhang interpretierbar. Zusätzlich notwendig sind Verhaltensbeobachtungen durch Kollegen, Vorgesetzte, Supervisoren: Gibt es mehr Arbeitspausen? Ist die Arbeitsleistung reduziert? Wie ist die Arbeitszufriedenheit? Fehltage? Stellenwechsel? Neue medizinische (psychische und somatische) Diagnosen?

Maslach-Burnout-Inventory (MBI)

Sie finden 25 Aussagen über arbeitsbezogene Gefühle und Gedanken. Bitte lesen Sie sorgfältig jede Aussage. Wenn das dort angesprochene Gefühl manchmal bei Ihnen auftaucht, beantworten Sie bitte, wie oft Sie es erleben, indem Sie die entsprechende Zahl (1–6) ankreuzen. Wenn es nicht auftaucht, kreuzen Sie „0" an und gehen zur nächsten Aussage über.

Wie oft ereignet sich das?

0 nie
1 einige Male im Jahr
2 einmal im Monat
3 einige Male im Monat
4 einmal pro Woche
5 einige Male pro Woche
6 täglich

Aussagen

1. Ich fühle mich von meiner Arbeit ausgelaugt.
   0 1 2 3 4 5 6

2. Am Ende des Arbeitstages fühle ich mich erledigt.
   0 1 2 3 4 5 6

3. Ich fühle mich müde, wenn ich morgens aufstehe und wieder einen Arbeitstag vor mir habe.
   0 1 2 3 4 5 6

4. Es gelingt mir gut, mich in meine Klienten hineinzuversetzen.
   0 1 2 3 4 5 6

5. Ich glaube, ich behandle einige Klienten, als ob sie unpersönliche „Objekte" wären.
   0 1 2 3 4 5 6

6. Den ganzen Tag mit Leuten zu arbeiten, ist wirklich eine Strapaze für mich.
   0 1 2 3 4 5 6

7. Den Umgang mit Problemen meiner Klienten habe ich gut im Griff.
0 1 2 3 4 5 6

8. Durch meine Arbeit fühle ich mich ausgebrannt.
0 1 2 3 4 5 6

9. Ich glaube, dass ich das Leben anderer Leute durch meine Arbeit positiv beeinflusse.
0 1 2 3 4 5 6

10. Seit ich diese Arbeit mache, bin ich gleichgültiger gegenüber Leuten geworden.
0 1 2 3 4 5 6

11. Ich befürchte, dass diese Arbeit mich emotional verhärtet.
0 1 2 3 4 5 6

12. Ich fühle mich voller Tatkraft.
0 1 2 3 4 5 6

13. Meine Arbeit frustriert mich.
0 1 2 3 4 5 6

14. Ich glaube, ich strenge mich bei meiner Arbeit zu sehr an.
0 1 2 3 4 5 6

15. Bei manchen Klienten interessiert es mich eigentlich nicht wirklich, was aus-/mit ihnen wird.
0 1 2 3 4 5 6

16. Mit Menschen in der direkten Auseinandersetzung arbeiten zu müssen, belastet mich zu sehr.
0 1 2 3 4 5 6

17. Es fällt mir leicht, eine entspannte Atmosphäre mit meinen Klienten herzustellen.
0 1 2 3 4 5 6

18. Ich fühle mich angeregt, wenn ich intensiv mit meinen Klienten gearbeitet habe.
0 1 2 3 4 5 6

19. Ich habe viele wertvolle Dinge in meiner derzeitigen Arbeit erreicht.
0 1 2 3 4 5 6

20. Ich glaube, ich bin mit meinem Latein am Ende.
0 1 2 3 4 5 6

21. In der Arbeit gehe ich mit emotionalen Problemen sehr ruhig und ausgeglichen um.
0 1 2 3 4 5 6

22. Ich spüre, dass Klienten mich für einige ihrer Probleme verantwortlich machen.
0 1 2 3 4 5 6

23. Ich fühle mich meinen Klienten in vieler Hinsicht ähnlich.
0 1 2 3 4 5 6

24. Von den Problemen meiner Klienten bin ich persönlich berührt.
0 1 2 3 4 5 6

25. Ich fühle mich unbehaglich bei dem Gedanken daran, wie ich einige meiner Klienten behandelt habe.
0 1 2 3 4 5 6

Das MBI untersucht drei Dimensionen: Erschöpfung, Depersonalisierung und persönliche Leistungsfähigkeit.

Berufliche Erschöpfung:
Fragen 1, 2, 3, 6, 8, 13, 14, 16, 20

0-17: leichtgradiges Burnout

18-29: mittelgradiges Burnout

> 30: schweres Burnout

Depersonalisierung:
Fragen 5, 10, 11, 15, 25

< 5: leichtgradiges Burnout

> 12: schweres Burnout

Persönliche Leistungsfähigkeit:
Fragen 4, 7, 9, 12, 17, 18, 19, 21

> 40: leichtgradiges Burnout

34-39: mittelgradiges Burnout

< 33: schweres Burnout

Copenhagen Burnout Inventory (CBI)

Im Jahr 2005 hat der Psychologe Tage Søndergård Kristensen das Copenhagen Burnout Inventory (CBI) erarbeitet (s. Seite 41), das auf dem faktoriellen Modell von Karasek aufbaut (siehe Kapitel 3). Ziel des CBI war es, gewisse Lücken im MBI zu schließen, indem „die zentrale Komponente des Burnouts, nämlich das Gefühl von Müdigkeit und Erschöpfung sowie die Faktoren, die als Auslöser für diese Erschöpfung gelten, namentlich die Arbeit“, untersucht wurden. [65]

Das CBI berücksichtigt drei Grunddimensionen des Burnouts:

a) die persönliche Erschöpfung,
b) die Erschöpfung am Arbeitsplatz und
c) die klientenbezogene Erschöpfung.

Das CBI kann von einem Arzt verwendet werden oder aber als Fragebogen zum Selbsttest. Für die Auswertung ist aber in jedem Fall ein Spezialist hinzuzuziehen.

Der Test umfasst drei Serien von Fragen. Jede Antwort ergibt eine bestimmte Anzahl Punkte. Die Summe aller Punkte schließlich ermöglicht Rückschlüsse auf den Erschöpfungsgrad.

Tabelle 4.1: Copenhagen Burnout Inventory (CBI)

1 – Persönliche Erschöpfung (weniger als 13 Punkte: unbedenklich; 13 bis 17 Punkte: Achtung, Aufmerksamkeit erforderlich; mehr als 17 Punkte: physische und psychische Erschöpfung).					
	Nie oder fast nie	Selten	Manch-mal	Oft	Ständig
Ich bin müde	0	1	2	3	4
Ich bin körperlich erschöpft	0	1	2	3	4
Ich bin emotional erschöpft	0	1	2	3	4
Ich denke: „Ich kann nicht mehr!“	0	1	2	3	4
Ich fühle mich ausgelaugt	0	1	2	3	4
Ich fühle mich geschwächt und anfällig für Krankheiten	0	1	2	3	4

Tabelle 4.1: Copenhagen Burnout Inventory (CBI)

2 – Berufliche Erschöpfung (weniger als 15 Punkte: unbedenklich; 15 bis 19 Punkte: Achtung, Aufmerksamkeit erforderlich; mehr als 19 Punkte: Die Organisation Ihres Unternehmens erschöpft die Betroffenen körperlich und mental).					
	Nie oder fast nie	Selten	Manch-mal	Oft	Ständig
Meine Arbeit erschöpft mich emotional	0	1	2	3	4
Meine Arbeit erschöpft mich	0	1	2	3	4
Meine Arbeit frustriert mich	0	1	2	3	4
Am Ende eines Arbeitstages fühle ich mich ausgelaugt	0	1	2	3	4
Beim Aufstehen bin ich schon beim Gedanken an den neuen Arbeitstag erschöpft	0	1	2	3	4
Jede Stunde auf der Arbeit ist mühselig	0	1	2	3	4
Für Freizeitaktivitäten mit Familie und Freunden fehlt mir die Energie	0	1	2	3	4

3 – Klientenbezogene Erschöpfung (weniger als 13 Punkte: unbedenklich; 13 bis 17 Punkte: besorgniserregende Symptome; mehr als 17 Punkte: Die Arbeitsbeziehungen inner- und außerhalb des Unternehmens erschöpfen den Betroffenen). Der Begriff „Klient" ist als Indikator zu verstehen und durch eine passende Bezeichnung aus dem beruflichen Umfeld des Betroffenen zu ersetzen.					
	Nie oder fast nie	Selten	Manch-mal	Oft	Ständig
Die Arbeit mit meinen Klienten fällt mir schwer	0	1	2	3	4
Die Arbeit mit meinen Klienten frustriert mich	0	1	2	3	4
Die Arbeit mit meinen Klienten erschöpft mich	0	1	2	3	4
Ich setze mich für meine Klienten ein, erhalte aber nur enttäuschende Rückmeldungen	0	1	2	3	4
Die Arbeit mit meinen Klienten ermüdet mich	0	1	2	3	4
Ich frage mich, wie lange ich diese Arbeit noch ertrage	0	1	2	3	4

Das Burnout-Screening-Inventory

Heute wird von zahlreichen namhaften Wissenschaftern postuliert, dass die Burnoutforschung angesichts der zahlreichen theoretischen Ansätze zum Ursprung der helfenden Arzt-Patienten-Beziehung zurückkehren solle. Davon erhofft man sich belebende Impulse. [75, S. 32] [35, S. 128]

In diesem Zusammenhang und wegen der eingeschränkten Einsetzbarkeit der erwähnten Fragebogen im klinischen Alltag wurde in der Arztpraxis Rütihof, Zürich, eine neues Werkzeug zur Erkennung von Burnout-Patienten entwickelt: das „Burnout- Screening-Inventory", kurz BSI (s. Seite 43). Der Begriff „Screening" wurde dabei bewusst gewählt, da eine abschließende Diagnosestellung nicht das Ziel ist. Vielmehr sollen mit einer Art „Röntgenaufnahme der Seele" des Patienten Burnout-Neigungen und assoziierte Gefühle herausfiltriert und so die burnout-typischen Gefühle und Verhaltensmuster zutage gefördert werden, um anschließend geeignete ambulante Therapiemaßnahmen zu bestimmen.

Während die ersten neun Aussagen des Testes die Depersonalisierung (D), die emotionale Erschöpfung (E) und die persönliche Leistungsfähigkeit (L) betreffen (als Quintessenz der Arbeiten von Maslach, Hillert, Marwitz und Burisch und eigener klinischer Erkenntnisse), ermöglicht die zehnte Aussage einen sehr spezifischen Hinweis auf ein Burnout („Falle" gemäß M. Burisch). Dieses Arbeitsinstrument hat sich in der klinischen Tätigkeit meiner Praxis zur Einschätzung chronischer Erschöpfungszustände bestens bewährt. Außerdem ist mit dem Fragebogen auch eine Verlaufs- und Erfolgskontrolle während der Therapie bzw. bei Therapieende möglich.

Sowohl Ärzte als auch Patienten schätzen die sehr effiziente Bearbeitung des Fragebogens: Innerhalb von drei bis fünf Minuten sind Ausfüllen und Interpretation erledigt.

Im Praxisalltag wird mit dem BSI-Raster der Arztpraxis Rütihof, Zürich (2007) auch eine Messwertverteilung für die Zuteilung nach therapeutischen Gruppen *(therapeutic pathways)* erfolgreich durchgeführt:

Burnout-Screening-Inventory (BSI)

Wie oft ereignet sich das?

0 nie
1 einige Male im Jahr
2 einmal im Monat
3 einige Male im Monat
4 einmal pro Woche
5 einige Male pro Woche
6 täglich

Aussagen

1. Ich behandle in der letzten Zeit die Leute zunehmend, als ob sie unpersönliche Objekte wären (D).
   0 1 2 3 4 5 6
2. Ich glaube, dass es mir immer weniger gelingt, das Leben anderer Leute durch meine Arbeit positiv zu beeinflussen (L).
   0 1 2 3 4 5 6
3. Seit ich diese Arbeit mache, bin ich gleichgültiger gegenüber Leuten geworden und habe weniger Zeit für sie (D).
   0 1 2 3 4 5 6
4. Ich fürchte, dass diese Arbeit mich emotional verhärtet (E).
   0 1 2 3 4 5 6
5. Ich fühle mich zunehmend ausgepumpt, wenn ich intensiv mit den Leuten gearbeitet habe (L).
   0 1 2 3 4 5 6
6. Die Probleme meiner Mitmenschen lösen vermehrt Ärger oder Angst aus, und zwar mehr, als mir gut tut (E).
   0 1 2 3 4 5 6
7. Ich reagiere in vergangener Zeit bei Gesprächen zunehmend gereizter, als dies früher der Fall war (E).
   0 1 2 3 4 5 6
8. Es gelingt mir immer weniger, meinen Beruf so auszuüben, wie es meinen Vorstellungen entspricht (L).
   0 1 2 3 4 5 6
9. Ich fühle mich unbehaglich beim Gedanken, wie ich meine Mitmenschen behandelt habe (D).
   0 1 2 3 4 5 6
10. Ich befinde mich in einer fast aussichtslosen Situation, aus der ich keinen Ausweg weiß.
    0 1 2 3 4 5 6

0-29 Punkte

Burnout eher unwahrscheinlich: meist depressive Verstimmung, Müdigkeit und Erschöpfung anderer Ursachen, beispielsweise wegen Überarbeitung bei Prüfungsstress, Schlafmangel, Fibromyalgie.

30-39 Punkte

Leichtgradiges Burnout: meist ambulant in der Praxis des Grundversorgers behandelbar, mit Gesprächstherapie und einfacher Medikation (Vitamin B_{12}, Phytotherapie).

40-49 Punkte

Mittelgradiges Burnout-Syndrom: ambulante Therapie unter Einbezug von Psychotherapie und mehreren längerfristigen medikamentösen Maßnahmen (meist länger als drei Wochen).

50-60 Punkte

Schweres Burnout-Geschehen: zunächst Versuch einer ambulanten Therapie mit verschiedenen Optionen (funktionelle Bewegungstherapie, größere Psychotherapie-Sitzungen, mehrere Medikamente inkl. starke Antidepressiva). Je nach Situation (Suizidalität unbedingt schon bei der ersten Sitzung erfragen) oder auf Wunsch des Patienten Überweisung an einen Psychiater oder in eine stationäre Therapie (Klinik oder spezialisierte Rehabilitationseinrichtung).

5 Burnout als Produkt der modernen Arbeitswelt?

Allgemeines

In unseren Breitengraden sind mehr als 60 % der Arbeitenden im tertiären Sektor tätig (Dienstleistungen, Handel, Verkehr). Im Kontext der Globalisierung fordern die Unternehmer von ihren Angestellten immer mehr Unternehmergeist und Teamdenken. Dabei werden vermehrt Entscheidungs- und Gestaltungsbefugnisse übertragen. Intellektuelle Überforderung und unfruchtbare, endlose Diskussionen (Marathonsitzungen) können die Folge sein.

Maßnahmen für eine neue Arbeitsplatzgestaltung beziehungsweise zu neuen Arbeitsformen werden mit dem interessant klingenden Begriff *Reengineering* umschrieben. Im Klartext bedeutet dies jedoch häufig, dass immer weniger Mitarbeitende immer mehr zu leisten haben.

Beschäftigungsquote und Konjunktur haben nur noch bedingt etwas miteinander zu tun. Da immer mehr mit immer weniger Menschen erwirtschaftet wird, bedeutet ein Konjunkturaufschwung nicht zwangsläufig auch einen Anstieg des Bruttosozialprodukts und einen Rückgang der Arbeitslosenquote.

Strategische Konzepte des modernen Managements („Total Quality Management“, „Lean production“, „Business Process Reengineering“) zielen einzig auf Gewinnoptimierung. Eine entsprechende Dialektik kommt dabei zum Zuge („Probleme sind dazu da, umgehend erkannt und gelöst zu werden“; „Egal, wie gut Du bist, in diesem Detail ist Dein Kollege besser“). Dabei wird vom Arbeitnehmer oft immer höhere Arbeitsqualität und übersteigerte Flexibilität verlangt. Gleichzeitig sind von Seiten der Kunden höchste Ansprüche zu kostengünstigsten Konditionen selbstverständlich („Geiz ist geil“).

Gepaart mit dem massiven wirtschaftlichen Konkurrenzdruck können diese Umstände einer Zunahme der Burnout- Erkrankung Vorschub leisten. Andreas Hillert und Peter Marwitz fassen dies in der folgenden Formel zusammen: [35, S. 210]

Leistungssteigerung x Flexibilität - Sicherheit = Burnout

Statistik

Burnout-bezogene Zahlen sind nur schwer quantifizierbar. Eine Studie des Staatssekretariates für Wirtschaft (SECO) von 2010 zeigt, dass sich in der Schweiz ein Drittel der erwerbstätigen Bevölkerung oft bis sehr oft durch ihre Arbeit gestresst fühlt. Dies bedeutet eine Zunahme um 30 % innerhalb von zehn Jahren. Aus den Studienergebnissen geht hervor, dass insbesondere Zeitdruck, unklare Anweisungen, soziale Diskriminierung und die Arbeit während der Freizeit als Stress wahrgenommen werden. Zu diesen Stressfaktoren kommen die langen Arbeitstage sowie die emotionalen Anforderungen. Vier Prozent der befragten Personen sagten aus, eine Burnout-Episode durchlebt zu haben. [29]

Gemäß einer etwas älteren Untersuchung durch Rösing leiden an Burnout: [70, 52 ff. und 104 ff.]

- 30–35 % der Lehrpersonen
- 40–60 % des Pflegefachpersonals
- 5–30 % der Ärztinnen und Ärzte.

In der erwerbstätigen Population Europas und der USA ist ärztliches Personal sogar doppelt so häufig von Stressfolgeerkrankungen betroffen wie nichtärztliche Erwerbstätige. [23] [80]
Bezogen auf die einzelnen Fachgruppen belegen diesbezüglich die allgemeinmedizinisch tätigen Ärzte eine Spitzenstellung. Diese Berufsgruppe erlebte in den letzten Jahren eine klare Burnout-Zunahme, sowohl in der Schweiz [23] als auch in den USA [80].

Eine Studie durch Goehring mit 1.784 Ärztinnen und Ärzten der Grundversorgung in der Schweiz [23] besagt, dass:

- 31 % eine erhöhte emotionale Erschöpfung oder Depersonalisierung aufweisen
- 5 % an einem hochgradigen Burnout-Syndrom leiden. Schweiz Med Forum

Burnout tritt dabei vor allem im Zusammenhang mit äußeren Stressfaktoren auf (Arbeitsbelastung, Formalitäten für Versicherungen).
In einer Studie von Torgler wurden 410 Spitalärztinnen und -ärzte zu Stressfolgen und Medikamentenmissbrauch befragt. [84] Es zeigte sich, dass das subjektive Stressempfinden höher ausfällt, je größer die Arbeitsbelastung und je niedriger die Entscheidungskompetenz der Mitarbeitenden ist. Biaggi stellte 2003 bei Chef- bzw. Assistenzärzten in Biel fest, dass folgende Risikofaktoren für Stress und Burnout im Spital genannt werden: [5]

- Arbeitsüberlastung
- Zu wenig Freizeit
- Mangelhafte gegenseitige Abstimmung (Kommunikation) in wichtigen Bereichen.

Dabei wurde von 72 % der befragten Assistenzärzte und von 67 % der Chefärzte die Arbeitsintensität als hoch oder zu hoch empfunden. 41 % der Assistenzärzte und 43 % der Chefärzte litten an emotionaler Erschöpfung.
Buddeberg-Fischer [5] stellte bei 518 Assistenzärzten in Zürich fest, dass deren Lebenszufriedenheit geringer ist als jene der Allgemeinbevölkerung. Auch Angst und Depressionen sind in dieser Berufsgruppe stärker vorhanden als in der Durchschnittsbevölkerung. Als Risikofaktoren kristallisieren sich folgende Umstände heraus:

- Mangelnde berufliche Unterstützung
- Unklare hierarchische Strukturen
- Beruflicher Stress
- Zu hohes berufliches Engagement.

David Kursner und Brigitta Danuser legten in einer Übersichtsarbeit dar, dass international etwa ein Drittel aller Ärztinnen und Ärzte an Burnout-Erscheinungen leidet. [50] Bei dieser Berufsgruppe ist das relative Suizidrisiko massiv erhöht gegenüber der Allgemeinbevölkerung. In den 1980er-Jahren entsprach dies in der Schweiz dem drei- bis sechsfachen Normalwert der Durchschnittspopulation. Ärztinnen und Ärzte zeigen gegenüber ihrer eigenen Gesundheit ein spezielles Verhalten: So stellen Betroffene ihre Diagnose meist gleich selber und auch über die Therapie wird ohne Hilfe von außen entschieden.

Kostenfolgen

Gesundheitliche Beeinträchtigungen und insbesondere Stressfolgen sind teuer. Wenn ein ausgebrannter Mitarbeiter nur noch 60 % seiner ursprünglichen Leistung erbringt, sind die Burnout-Folgekosten mit 40 % des Lohnes zu beziffern. Darüber hinaus entstehen indirekte Kosten durch Absenzen und medizinisch-therapeutische Leistungen. Kollegen werden mehr belastet, da sie – zumindest kurzfristig – die liegengebliebene Arbeit erledigen müssen und so wiederum die Gefahr von Überbelastung droht. Dies kann rasch zu einer Kettenreaktion an Stressfolgekosten führen.

Die finanziellen Folgen erreichen oft ein astronomisches Ausmaß. Die durch eine (stressbedingte) Frühpensionierung eines 56-jährigen Lehrers entstehenden Kosten belaufen sich in Deutschland auf über 300.000 Euro. Die jährlichen Kosten, bedingt durch psychosoziale Überlastung, bewegen sich in Deutschland im mehrstelligen Milliarden-Euro-Bereich.

In England gehen durch Stressfolgen jedes Jahr 40 Mio. Arbeitstage verloren. [50]

Eine Studie des Staatssekretariats für Wirtschaft SECO zeigte 2002 auf, dass aufgrund von Stresserkrankungen 4,1 Milliarden CHF (das entspricht 1,2 % des Bruttosozialproduktes) wegen Arbeitsausfällen verloren gehen. [14]

In einer aktuelleren Stress-Studie des SECO (2010) fühlen sich rund ein Drittel der Erwerbstätigen in der Schweiz häufig oder sehr häufig gestresst. Dies sind 30 % mehr als noch vor 10 Jahren. Jüngere Erwerbstätige (15–34 Jahre) fühlten sich überdurchschnittlich oft, häufig oder sehr häufig gestresst. 4 % der Befragten gaben an, das Gefühl,

sich bei der Arbeit emotional verbraucht zu fühlen, treffe völlig auf sie zu (Burnout-Hinweis). [82]
Gemäß einer Studie der Crédit Suisse im Jahr 2004 besteht die größte Angst der Schweizerinnen und Schweizer darin, ihren Arbeitsplatz zu verlieren, was einen bedeutenden Stressor darstellt.

Risikofaktoren in der Arbeitswelt

Der Anteil der Erwerbstätigen mit hoher Arbeitsintensität ist über die Jahre kontinuierlich angestiegen: 1990 waren es noch 48 %, im Jahr 1995 bereits 54 % und im Jahr 2000 schließlich 56 %. Wie Tabelle 5.2 aus einer Studie aus dem Jahr 2000 zeigt, nehmen Stress und körperliche Beschwerden in Abhängigkeit vom Arbeitstempo zu. [35, 213 ff.]
Dabei ist bei 67 % das hohe Arbeitstempo eine Folge der Forderungen seitens der Kunden oder Klienten (Patienten). 42 % der Befragten gehen davon aus, dass sie ihre Arbeit nicht bis zum 60. Lebensjahr werden ausüben können. Davon wiederum arbeiten 51 % im Dienstleistungsbereich, 55 % in unqualifizierten Berufen und 34 % sind als Führungskräfte tätig. 41 % der Befragten berichten von täglich wechselnden Arbeitszeiten. 19 % finden, dass sich die flexiblen Arbeitszeiten nicht mit der Familie oder ihrem sozialen Leben vereinbaren lassen. [35, 213 ff.]
Zusammenfassend können folgende Umstände der modernen Arbeitswelt zu Burnout führen:

1. Langzeitarbeitslosigkeit (größter Stressor)
2. Übermäßiger Leistungsdruck
3. Geringe Unterstützung aus dem beruflichen und familiären Umfeld
4. Lange Wochenarbeitszeiten
5. Extrem unregelmäßige Arbeitszeiten
6. Destruktive Konflikte mit Vorgesetzten und Kollegen (Mobbing)
7. Druck infolge von Kundenansprüchen
8. Arbeitsplatzunsicherheit.

Wie bereits oben dargelegt, wird Burnout als ein durch Arbeitsstress bedingter Risikozustand für psychische und körperliche Folgekrankheiten definiert.

Zahlreiche Konstellationen, die Arbeitsstress und Burnout verursachen, sind untersucht worden. Dabei kommt den in Tabelle 5.1 von Roland von Känel aufgeführten stress-erzeugenden Arbeitsplatzfaktoren große Bedeutung zu.

Entsprechende Screeningfragen können sowohl in der Patientenanamnese als auch zur Selbstbefragung nutzbringend eingesetzt werden (siehe Tabelle 5.1, [40])

Tabelle 5.1: Stresserzeugende Faktoren am Arbeitsplatz mit Screeningfragen. [40]

Zu hohe Anforderungen	
Arbeitsaufgabe, Übernahme von Verantwortung	Erfordert Ihre Arbeit hartes Arbeiten? Kommt es zu Überstunden? Sind Sie genügend ausgebildet?
Zu wenig Kontrolle	
Handlungsspielraum, Einsatz persönlicher Fähigkeiten	Können Sie bei der Arbeit mitbestimmen? Können Sie Ihre Fähigkeiten einsetzen?
Zu wenig Belohnung	
Bezahlung, Aufstiegsmöglichkeiten, Anerkennung, Arbeitsplatzsicherheit	Sind Ihre Aufstiegschancen gut? Wird Ihre Arbeit von Vorgesetzen anerkannt?
Zu wenig soziale Unterstützung	
Rückhalt durch Mitarbeitende, Führungsverhalten der Vorgesetzten	Fühlen Sie sich im Team gut aufgehoben? Erleben Sie den Vorgesetzen unterstützend?

Tabelle 5.1: Stresserzeugende Faktoren am Arbeitsplatz mit Screeningfragen. [40]

Ungerechte Behandlung	
Fairness am Arbeitsplatz	Werden Sie ungerechtfertigt kritisiert? Erhalten Sie genügend Informationen?
Wertekonflikte	
Ethische Standards, Work-Life-Balance, Auftreten gegenüber Kunden/Patienten, Zusammenarbeit	Hat Ihr Arbeitgeber dieselben Werte wie Sie? Müssen Sie bei der Arbeit Dinge tun, die nicht mit Ihren Wertvorstellungen übereinstimmen? Müssen Sie unsinnige Arbeiten ausführen?
Persönlichkeitseigenschaften	
«Overcommitment» (übersteigerte Verausgabungsbereitschaft), Perfektionismus, Narzissmus	Kommen Sie beim Arbeiten in Zeitdruck? Opfern Sie sich für Ihren Beruf zu sehr auf? Können Sie von der Arbeit abschalten? Müssen Sie alles genau machen?

Außerberufliche Belastungen wie familiäre Konflikte, Verlusterlebnisse (Trennung, Scheidung, Todesfall in der Verwandtschaft), wirtschaftliche Einbußen durch Börsenverluste, Prüfungsvorbereitungen etc. erhöhen den Gesamtstresslevel enorm.
Darunter können sich vielfältige funktionelle und somatische Stress-Symptome auch bei gleichbleibender Arbeitsbelastung früher etablieren und schlussendlich „das Fass zum Überlaufen“ bringen, das heißt eine manifeste Burnout-Erkrankung provozieren.

Die größte Gefahr für die Zukunft: Die Schere der Einkommens- und Vermögensentwicklung sowie der Bildung und der politischen Standpunkte wird sich weiter öffnen. Dadurch droht eine Radikalisierung und Destabilisierung der Gesellschaft mit Gefährdung des sozialen Friedens.

Dazu die prägnant formulierte Meinung von D. Hell anlässlich des Burnout-Symposiums an der Privatklinik Hohenegg Meilen, im Juni 2007:

> **„Im Kontext von Burnout und Depression ist es an der Zeit, dass die westlichen Errungenschaften von Individualität und Subjektivität der Ergänzung bedürfen.“ (Vortrag im Rahmen des Burnout-Symposiums an der Privatklinik Hohenegg, Meilen, Schweiz, vom 7.6.2007)**

Tabelle 5.2: Stress und körperliche Beschwerden (in Prozent) nehmen mit zunehmendem Arbeitstempo zu. Aus: Third European Survey on Working Conditions 2000) [35, 213 ff.]

	Rückenschmerzen	Stress	Muskelschmerzen (Nacken / Schultern)	Verletzungen / Unfälle
Ständiges Arbeiten in hohem Arbeitstempo	46 %	40 %	35 %	11 %
Kein Arbeiten in hohem Arbeitstempo	25 %	21 %	15 %	5 %

6 Stress und Mobbing: Umgang mit Auslösern von Burnout am Arbeitsplatz

Stress

Zu unterscheiden sind Stressor und Stressreaktion.
Es gibt äußere Stressoren (z. B. Lärm) und innere Stressoren (z. B. Gefühl der Überforderung). Die Stressreaktion ist eine psychische und physische Reaktion mit dem Ziel der Bewältigung des Stressors. Eigentlich ist sie entwicklungsgeschichtlich gesehen ein biologisches Anpassungs- und Notfallprogramm.
Dabei können drei Phasen unterschieden werden. Zunächst findet die Phase der Aktivierung des sympathischen Nervensystems statt, mit Ausschüttung von Adrenalin, Noradrenalin und Kortisol. Das kann typischerweise zu folgenden klinischen Symptomen führen: Schwitzen (Nachtschweiß), Zittern, Herzklopfen, Übelkeit, und häufiger Harndrang (Pollakisurie) sowie Durchfall (Diarrhö). Dazu tritt oft eine unproduktive motorische Überaktivität auf – beispielsweise mit Nägelknabbern (Onychophagie), Kratzen am Körper und (nächtlichem) Zähneknirschen (Bruxismus). Auch nervöser Redefluss (Logorrhö) und ein übersteigertes, unkritisches Anpassertum (Konformismus) können beobachtet werden.
Anschließend kommt es zur Widerstandsphase mit Blutzuckererhöhung, Schilddrüsenunterfunktion und Abnahme der Sexualfunktionen. Insbesondere Schlafstörungen, Erschöpfbarkeit, Atembeschwerden (unspezifisches Gefühl von Atemnot), Kälteintoleranz, Schwindel, Ausbleiben der Regelblutung (sekundäre Amenorrhö), und Potenzstörungen (z. B. erektile Dysfunktion) können klinisch dieses Stadium prägen. Die Verhaltensseite charakterisiert sich vielfach zunehmend durch Antipathie gegen Vorgesetzte und Mitarbeitende,

durch wenig differenzierte, aggressive Kritik und durch obstruktives Arbeitsverhalten.

Zuletzt tritt die Erschöpfungsphase ein, beispielsweise mit dem Zusammenbruch des Immunsystems, ausgeprägten funktionellen kardialen oder gastrointestinalen Beschwerden (Herzstechen, Herzrhythmusstörungen, Magendruck, Globusgefühl). In dieser Phase der Regression kann es im weiteren Verlauf je nach Risikokonstellation durchaus auch zu schweren somatischen Erkrankungen (Ulzera des Magen-Darm-Traktes, Myokardinfarkt, zerebrovaskulärer Insult) und zu bedrohlichen psychischen Symptomen (Verzweiflung, Suizidalität) kommen. Diese Endphase der Stressreaktion ist folglich auch häufig durch zahlreiche, meist länger dauernde Arbeitsunfähigkeiten geprägt.

Stressbewältigungsformen (Coping)

Gemäß Richard Lazarus existieren drei Formen der Stressbewältigung: [53]

1. Emotionszentriertes Coping:
   Die emotionalen Folgen der Stressreaktion sollen minimiert werden. Es ist immer dann einzusetzen, wenn eine Veränderung der belastenden Situation nicht möglich ist. Beispiel hierfür ist die intensive Selbstanalyse mit Niederschreiben der eigenen Erfahrungen. Dadurch lassen sich psychische und physische Folgen der Überforderung reduzieren. Weitere Möglichkeiten sind Sport, Entspannung, Gebet und Meditation.

2. Problemzentriertes Coping:
   Hier sollen die innere und äußere Stressor-Situation sowie deren innere Verarbeitung verändert werden. Beispiele:
   - Reduktion der Arbeitszeit
   - Regelmäßiger Urlaub
   - Supervision
   - Änderung der (allzu) idealistischen Einstellung gegenüber der Arbeit (Reduktion von Überengagement).

3. Inanspruchnahme sozialer Unterstützung: Dies bedeutet beispielsweise eine Aussprache zur Psychohygiene mit Familienangehörigen, Freunden, Bekannten oder professionellen Helfern wie Ärzten, Psychotherapeuten, Seelsorgern oder Sozialarbeitern.

Persönlichkeitsmerkmale, welche die Stressbewältigung erschweren

- Perfektionismus (Pedanterie)
- Selbstbehauptungsdefizite (überbehütete Kinder, Alleinstehende, chronisch Kranke)
- Idealismus (träumen von einer besseren Welt)
- Hohe Leistungsorientierung (überhöhte Anforderungen an sich selbst, z. B. bei japanischen Arbeitern).

Mobbing

Dieses Phänomen erforscht seit 1990 als einer der ersten Heinz Leymann. Die Definition von Mobbing lautet wie folgt (2001): „Schikanöses Handeln einer oder mehrerer Personen, das gegen eine Einzelperson oder eine Personengruppe gerichtet ist.“ [91]
Die schikanösen Handlungen werden meist über einen längeren Zeitraum (3–6 Monate) wiederholt. Sie implizieren grundsätzlich die Täterabsicht, das Opfer und dessen Ansehen zu schädigen und gegebenenfalls aus seiner Position zu vertreiben. Typische Mobbing-Handlungen sind zum Beispiel, jemanden wie Luft zu behandeln, ihn lächerlich zu machen oder falsche Gerüchte über die Person zu verbreiten.
Aber auch ohne absichtliche Schikane des Täters können dessen „normale“ Handlungen von sensiblen Personen missverstanden und als Mobbing empfunden werden.
In Deutschland leidet von 38 Millionen Beschäftigten eine Million unter Mobbing. Bei einer Befragung gab jede neunte Person ein Mobbingerlebnis am Arbeitsplatz an. Frauen sind häufiger betroffen als Männer (Verhältnis 3:2). Die „Täter“ sind in 42 % der Fälle Kollegen

und in 38 % der Fälle Vorgesetzte. Kollegen und Vorgesetzte gemeinsam machen in 13 % der Vorkommnisse die kollektive Täterschaft aus. [61]
Besonders verbreitet ist Mobbing im Gesundheits- und Erziehungsbereich, in der öffentlichen Verwaltung und im Bankensektor.

Als Ursachen für Mobbing kommen infrage:

- Schlechtes Betriebsklima
- Hohe Stressbelastung
- Ungelöste Konflikte
- Unklare Rollen- und Aufgabenbeschreibung
- Vertreibung von Mitarbeitern aus dem Unternehmen bei Personalabbau.

Hierzu Prof. Dr. med. Daniel Hell, Zürich, Fortbildungssymposium „Mobbing" vom 16.11.2006 in Zürich:

> „Die Tendenz zur Individualisierung scheint bei erhöhtem Konkurrenzdruck dazu zu verleiten, dass sich existenziell gefährdete Menschen gegenüber Arbeitskollegen wehren, indem sie diese an ihrer Schwachstelle treffen wollen, um selbst zu überleben." [18]

Eine typische Mobbingopfer-Persönlichkeit gibt es nicht, es kann jeden treffen.
Die gesundheitlichen Auswirkungen von Mobbing sind psychosomatische Beschwerden (Schlafstörungen, Albträume, Übelkeit), Ängste, depressive Verstimmungen und posttraumatische Belastungsstörungen. Wird ein Mitarbeiter aus einer Gruppe gedrängt, können archaische Ängste ausgelöst werden.

> „Das ist so, als wenn ein Steinzeitmensch aus seiner Wohnhöhle zu den wilden Tieren hinausgeworfen wird" (Dr. med. T. Hubschmidt, Bern, anlässlich des Fortbildungssymposiums „Mobbing" in Zürich). [18]

Mobbing stellt einen erheblichen Stressor dar, der die Entwicklung von Burnout begünstigen kann.

Empfohlenes Vorgehen in einer Mobbing-Situation

1. Konflikte sehr rasch zur Sprache bringen (Missverständnisse beseitigen, Krisensituationen beenden)
2. Klärende Gespräche ruhig und eventuell im Beisein von Vertrauenspersonen führen (z. B. Mobbing-Beauftragter des Unternehmens)
3. Alle Schikanen schriftlich festhalten (zu Beweiszwecken)
4. Eventuell schriftliche Konfrontation mit der Gegenpartei
5. Vorgesetzte, Personalchef oder Sozialdienste einschalten (der Arbeitgeber ist gesetzlich verpflichtet, seine Angestellten vor Mobbing zu schützen)
6. Bei körperlichen oder seelischen Schädigungen einen Arzt oder Psychologen aufsuchen.

7 Strategien zur Prävention von Burnout und Stress

Förderung der Resilienz (Widerstandsfähigkeit)

Die Erforschung der Ursachen für Burnout ist etabliert und relativ weit vorangeschritten. In den letzten Jahren ist aber den Schutzfaktoren, die vor Burnout bewahren und welche die Genesung nach einer stressbedingten Erkrankung unterstützen, mehr Gewicht beigemessen worden. Solche Stresspuffer werden im Allgemeinen unter dem Begriff der Resilienz (Widerstandsfähigkeit) zusammengefasst. [41]
Resilienz beschreibt die Eigenschaft, Widerwärtigkeiten des täglichen Lebens unbeschadet an sich abprallen zu lassen und an solchen auch noch persönlich zu wachsen. Auch körperliche Voraussetzungen und Reaktion spielen dabei eine Rolle. Entsprechend kann Resilienz bezeichnet werden als das Vermögen, sich trotz widriger Lebensumstände (Stressoren) als Person erfolgreich adaptiv und proaktiv zu entwickeln und mit geringen psychologischen und physiologischen Kosten gestärkt aus diesen hervorzugehen. [31] [19]
Mit Resilienz lassen sich folglich Faktoren der Salutogenese identifizieren, also Faktoren, welche die Menschen gesund halten und im speziellen Fall vor Burnout bewahren. Resilienz wird sowohl als Veranlagung der Persönlichkeit verstanden, aber auch als veränderbares Attribut, welches durch gezielte kognitive Maßnahmen und Verhaltensänderungen, inklusive gesunder Lebensführung, verbessert werden kann. [31]
Als bestens validiertes Instrument zur Messung der persönlichen Stressorenbewältigung wird oft die Resilienzskala von Wagnild und Young [86] herangezogen, die als Kurzform in deutscher Übersetzung vorhanden ist. [78] [55]

Tabelle 7.1: RS-13 Resilienzfragebogen [55]

Im folgenden Fragebogen finden Sie eine Reihe von Feststellungen. Bitte lesen Sie sich jede Feststellung durch und kreuzen Sie an, wie sehr die Aussagen im Allgemeinen auf Sie zutreffen, d. h. wie sehr Ihr übliches Denken und Handeln durch diese Aussagen beschrieben wird.

		1 = nein – Ich stimme nicht zu 7 = ja – Ich stimme völlig zu
1	Wenn ich Pläne habe, verfolge ich sie auch.	1 2 3 4 5 6 7
2	Normalerweise schaffe ich alles irgendwie.	1 2 3 4 5 6 7
3	Ich lasse mich nicht so schnell aus der Bahn werfen.	1 2 3 4 5 6 7
4	Ich mag mich.	1 2 3 4 5 6 7
5	Ich kann mehrere Dinge gleichzeitig bewältigen.	1 2 3 4 5 6 7
6	Ich bin entschlossen.	1 2 3 4 5 6 7
7	Ich nehme die Dinge wie sie kommen.	1 2 3 4 5 6 7
8	Ich behalte an vielen Dingen Interesse.	1 2 3 4 5 6 7
9	Normalerweise kann ich eine Situation aus mehreren Perspektiven betrachten.	1 2 3 4 5 6 7

Tabelle 7.1: RS-13 Resilienzfragebogen [55]

10	Ich kann mich auch überwinden, Dinge zu tun, die ich eigentlich nicht machen will.	1	2	3	4	5	6	7
11	Wenn ich in einer schwierigen Situation bin, finde ich gewöhnlich einen Weg heraus.	1	2	3	4	5	6	7
12	In mir steckt genügend Energie, um alles zu machen, was ich machen muss.	1	2	3	4	5	6	7
13	Ich kann es akzeptieren, wenn mich nicht alle Leute mögen.	1	2	3	4	5	6	7

Hinweise zur Auswertung

Die Auswertung erfolgt über eine Addition der Punktwerte.

Für die Interpretation der Merkmalsausprägung für Resilienz empfiehlt sich folgendes Schema:

- Punktwerte 13-66 = niedrig
- Punktwerte 67-72 = moderat
- Punktwerte 73-91 = hoch

Normwert und Prozentränge finden sich in der Publikation von Leppert et al., 2008. [55]

Der Bezug zu erhöhter Verletzlichkeit bei Stressbelastungen und entsprechendem Burnout-Risiko zeigt sich in Aussagen, die nach der verfügbaren Energie, Fähigkeit zum Multitasking, Umgang mit Wertekonflikten, Selbstwert und Flexibilität fragen.

Mit erhöhter Resilienz einhergehende Eigenschaften

Von Känel [41] zeigt in seiner Übersichtsarbeit gut untersuchte stressprotektive Konstrukte auf, die mit erhöhter Resilienz assoziiert sind. Diese Stresspuffer erhöhen die Wahrscheinlichkeit, dass eine berufliche Belastung erfolgreich bewältigt wird. Sie sind in der folgenden Tabelle aufgelistet (nach [41] gekürzt):

Tabelle 7.2: Stresspuffer

Eigenschaften	**Beschreibung**
Sinn-Erleben [2]	Grundsatzvertrauen, dass die Ereignisse im Leben erklärbar sind und Ressourcen zu deren Bewältigung vorhanden sind, für die sich ein Engagement lohnt.
Zähigkeit [57]	Grundsätzlicher Glaube, dass das Leben kontrollierbar ist und stressreiche Ereignisse Herausforderungen sind, die Chancen zum Wachstum und zur Entwicklung bieten.
Voraussetzender Optimismus [76]	Die inhaltlich generalisierte und zeitlich stabile Tendenz, positive Ereignisse im Leben zu erwarten.
Soziale Unterstützung [85]	Positive, emotional unterstützende, zwischenmenschliche Kontakte, die Nähe und Vertrauen vermitteln.

Tabelle 7.2: Stresspuffer

Eigenschaften	Beschreibung
Wirksames Stressmanagement [39]	Beweglichkeit in der Stressbekämpfung durch ein breites Repertoire von kognitiven, emotionalen und verhaltensorientierten Bewältigungsstrategien (z. B. kognitive Umbewertung, Beenden negativer Gefühle mit Entspannung).

Die erfolgreiche Umsetzung dieser Strategien kann teilweise nicht ohne Änderung von Einstellung und Verhalten der Betroffenen erreicht werden. Eine kognitive Verhaltenstherapie unter fachtherapeutischer Anleitung (Psychiater, Psychologe, Allgemeinarzt) muss unter Umständen in Anspruch genommen werden.

Studien an der renommierten Mayo Klinik in den USA zeigen, dass strukturierte Weiterbildungsprogramme für resilienzfördernde Maßnahmen im Berufsalltag wie Achtsamkeitsübungen, Selbstreflexion und Meditation Burnoutsymptome, Empathie, Stimmung und Arbeitseinstellung bei Gesundheitsberufen signifikant verbessern können. [48] [88]

Anteilnahme und serielles Monotasking als Resilienzsäulen

Aus eigener Erfahrung sind Anteilnahme, Mitgefühl und Wertschätzung ebenfalls nachhaltige Säulen der Resilienz.(siehe auch „Eigene Erfahrungen“ weiter unten in diesem Kapitel). Sie machen Mitmenschen und MitarbeiterInnen zufriedener und wirken sich positiv auf das Arbeitsklima und die Leistungsbereitschaft aus.

Beim heutzutage beschleunigten Arbeitstempo eignet sich der bewusste Verzicht auf Multitasking, um Resilienz erfolgreich zu trainieren. Multitasking macht uns ineffizient, fehleranfällig, zerstreut und vermindert die kognitive Leistungsfähigkeit.
Bewusstes und fortgesetztes (serielles) Monotasking hingegen schafft Zeiträume, in denen man sich nur einer Aufgabe konsequent widmet. Dies führt zu erhöhter Aufmerksamkeit und Qualität mit größerer Zufriedenheit aller am Arbeitsprozess Beteiligten. Eine so bewusst eingesetzte Konzentration der Kräfte führt zur Entspannung am Arbeitsplatz mit nachhaltig positiver Wirkung auf die Produktivität. Dabei kommt es letztendlich nicht nur zur Salutogenese der Berufstätigen, sondern auch zur Entlastung unserer Sozialsysteme mit Reduktion der ansteigenden Gesundheitskosten.

Resilienz zur Bewältigung von Stressfolgen im Rahmen der Covid-19-Pandemiesituation

Die vielen Begleitkomplikationen der Corona-Pandemie führten zu einem raschen Anstieg von psychosozialen Belastungsfaktoren, die wiederum zahlreiche Konsequenzen im sozialen und wirtschaftlichen Leben nach sich zogen (Erschöpfung, psychiatrische Erkrankungen, Arbeitsunfähigkeit, Betriebsstörungen, Konkurse).
Allgemein hat man schon in den letzten Jahren eine Zunahme arbeitsplatzbedingter psychischer Erkrankungen festgestellt. Gemäß den Zahlen eines großen Schweizer Lebensversicherers (PK Rück) sind die Arbeitsabsenzen aus psychischen Gründen zwischen 2012 und 2018 um 80 % gestiegen. Dabei hat es sich in 6 von 10 Fällen um einen Burnout oder eine Depression gehandelt.
Da die Betroffenen meist für längere Zeit nicht arbeitsfähig sind, erwachsen den Arbeitgebern, dem Sozialwesen und den Versicherungen (Krankentagegeld) entsprechend hohe Kosten.
Steigende Arbeitslosenzahlen und eine Verunsicherung bezüglich der beruflichen Zukunft gehen mit einer verschlechterten mentalen Gesundheit der Bevölkerung einher. Vor allem diese späten Folgen der Corona-Krise haben gewichtige Konsequenzen für Wirtschaft und öffentliche Gesundheit. Nach Angaben der PK Rück im Dezember

2020 dauern psychische Erkrankungen im Durchschnitt dreimal so lange wie andere Krankheiten. Folglich wird die durchschnittliche Dauer einer psychisch bedingten Arbeitsunfähigkeit auf ungefähr 18 Monate veranschlagt.
Ein außergewöhnliches Wachstum verzeichneten insbesondere berufsbedingte Erkrankungen im Krankenhaus- und Heimsektor. Überdurchschnittlich häufig steckte sich dabei das medizinische Personal bei der Arbeit mit dem Coronavirus an.

Die von der Pandemie verursachten völlig ungewohnten und beinahe „kriegsähnlichen" Lebensumstände mit verordneter Isolation und Quarantäne führten schon in den ersten Wochen und Monaten bei vielen Menschen zu gedrückter Stimmungslage, Konzentrationsstörungen, Angstzuständen und schlechtem Schlaf.
Beim extrem geforderten medizinischen Personal waren körperliche und psychische Erschöpfungszustände mit Somatisierungsstörungen (Kopfschmerzen, Migräne, Bauchbeschwerden mit Verdauungsstörungen und Rückenschmerzen) vorhanden.
Eine entsprechende Zunahme solcher Erkrankungen war auch in der Allgemeinpraxis feststellbar. Diagnostiziert wurden derartige gravierende sozialpsychologische Folgen neben der berufstätigen Bevölkerung vor allem auch bei Pensionierten und alten Menschen. Bei den älteren Mitmenschen war die Absonderung wegen räumlicher Distanzierungsvorschriften im häuslichen oder heimplatzierten Exil ein extremer Stressfaktor. Er ging oft mit Trauer, Frustration, Minderwertigkeits- und Verlassenheitsgefühlen bis zur Verzweiflung einher. Wegen erwähnter Umstände sind unsere psychiatrischen und psychologischen Institutionen und Therapiepraxen (nicht nur Intensivstationen in Krankenhäusern) an die Grenzen Ihrer Belastbarkeit gelangt.

In diesem Kontext kann festgehalten werden, dass unsere Gesellschaft heute generell zu viel Stress ausgesetzt ist. Gerade in Krisensituationen – wie der Corona-Pandemie – sollten die oben skizzierten Maßnahmen der Resilienz zum Tragen kommen.
Dabei hat Fürsorge und Förderung der Sozialkompetenz einen gewichtigen Stellenwert. Wie Margraf in einem klinisch-psychologischen Seminar des Jahres 2000 aufzeigte, ist die soziale Unterstützung mit Abstand der wichtigste salutogene Faktor, um das Risiko einer Erschöpfung zu umgehen. Er kommt zum Schluss: Familie, Freunde

und gute Beziehungen zu Mitmenschen, auf die man sich verlassen kann, haben ein hohes präventives Potential.

Unter anderem dürfte fruchtbringend sein, mehr Wert auf Sinn-Erfahrungen in Familien-, Liebes- und Arbeitsbeziehungen einfließen zu lassen nach dem Motto:
„Nichts brauchen wir dringender als Wertschätzung, Mitgefühl und Achtung!"

„Menschen brauchen Menschen!"

Persönliche allgemein einsetzbare Präventionsmöglichkeiten

Mattias Burisch schlägt praktische Präventionsprogramme auf verschiedenen Ebenen vor: [10, 257 ff.]

1. Persönliche allgemein einsetzbare Präventionsmöglichkeiten
2. Präventionsmöglichkeiten im Beisein des Arbeitgebers

Nachfolgend einige Auszüge aus Empfehlungen für Krankenhauspersonal (nach Lammert 1981 und Alexander 1980 [51]) und empirischen Studien zur Burnout-Intervention von Schaufeli und Enzmann 1998 [74]:

1. Selbst- und Fremdwahrnehmung schärfen („Wo trage ich zu meinem Burnout bei? Welche Umweltfaktoren sind beteiligt? Welche Faktoren lassen sich beeinflussen, welche nicht?"). Das Führen eines Stress-Tagebuchs hat sich für die Psychohygiene als eminent wichtig erwiesen.
2. Zeitmanagement: Effektivere Delegation und Jobrotation sollen den Anteil lästiger Routineaufgaben reduzieren.
3. Selbstkonditionierung im Sinne einer Burnout-Resistenz:
    - Gute Kenntnis der eigenen Bedürfnisse, Fähigkeiten und Grenzen
    - Spirituelle Fundierung in einer Religion, einer Lebensphilosophie oder einem Glaubensbekenntnis: Religiöse (ideologische) Überzeugung wirkt offenbar in hohem Maße stabilisierend und als Schutz gegen Burnout [12]

- Fähigkeit zur Entspannung und Regeneration durch eine aufbauende Freizeitbetätigung.

4. Gesunde Lebensweise:
    - Leichtverdauliche, vitaminreiche Ernährung
    - Verzicht auf Genussmittel
    - Tägliche körperliche, schweißtreibende Betätigung während mindestens 30 Minuten
5. Entspannungstraining (siehe Seite 82):
    - Zum Beispiel Ganzkörper-Kurzentspannung nach Jacobson
    - Atemübungen
    - Meditation/Gebet
6. Arbeitsplatzwechsel: in aussichtslosen Situationen und bei Verhärtung der Fronten (in der Praxis häufig: vgl. dazu das Interview mit einem Kadermitarbeiter, Seite 121). Es gibt keine Forschungsergebnisse zum weiteren Verlauf der Burnout-Erkrankung in diesen Fällen.

Präventionsmöglichkeiten im Bereich des Arbeitgebers

A.) Arbeitstreffen im Family-Lab-Format

Das Instrument zur Organisations- und Teamentwicklung, das Family-Lab, zielt auf Einzel- oder Kleingruppenberatung ab. So kommen abends an der Bar plötzlich die brennendsten Themen zur Sprache. Die Notwendigkeit, betriebliche Anti-Stress-Prävention zu betreiben, ist heute größer denn je. Die tatsächlichen Möglichkeiten, dies in der Realität des Arbeitsalltags zu erreichen, hängen von der individuellen Sicherheit und dem gegenseitigen Vertrauen ab. Gerade diese beiden Begriffe sind aber heute eher als bedroht anzusehen.

Ziele eines solchen Arbeitstreffens (Family-Lab) sind:

1. Persönliche Isolation abbauen

2. Selbstbewusstsein stärken durch Identifizierung der persönlichen Stärken und Arbeitserfolge

3. Anerkennung für gute Leistungen dem betreffenden Mitarbeiter rasch, offen und direkt kommunizieren. Dazu der ehemalige FDP-Ständerat Rolf Schweiger in einem Interview in Facts 46/06: „Es sollte wieder vermehrt daran gedacht werden, dass Leute auch gelegentlich gelobt werden, damit das Selbstwertgefühl und Leistungsbereitschaft steigen."

4. Analyse der Ursachen für den beruflichen Stress und andere betriebliche Probleme wie schlechte Lärmisolation, Durchzug, ungenügende Klimatisierung oder fehlender Zugang zu Trinkwasser (eine ausreichende und regelmäßige Hydrierung bedeutet ebenfalls Stressprävention!)

5. Positive Aspekte der Arbeit zusammentragen

6. Gemeinsame Lösungsvorschläge erarbeiten: Dies trägt viel zu einer besseren gruppeninternen Kommunikation bei

7. Lebensfreude wird heute fast ausschließlich mit Freizeit verbunden. Lebensfreude am Arbeitsplatz mit Brücken zwischen Spiel und Arbeit steigern. Eventuell können mittels flexibleren Arbeitszeiten Freizeitbelohnungen in Aussicht gestellt werden, zum Beispiel:

   - Berater und Hobby-Fotograf: nebenbei Bildmaterial für Beratertätigkeit sammeln
   - Arzt und Amateur-Kunstmaler: Bilder in Praxis ausstellen als Vernissage
   - Während drei bis vier Tagen abends eine Stunde länger arbeiten und dafür am Freitagnachmittag frei nehmen für eine Bergwanderung o. ä. Dieser freie Nachmittag wirkt die ganze Woche über als Motivationsmotor.

8. Handlungspläne erarbeiten.

Allgemeines Ziel des Family-Lab-Arbeitstreffens: die Arbeit wieder mit positiven Anreizen besetzen. Dieser Ansatz ist insbesondere bei der Prophylaxe früher Burnout-Stadien sehr vielversprechend.

B.) Interventionen im Bereich des Arbeitgebers

1. Ausmaß und Art des zwischenmenschlichen Kontakts abwechslungsreicher gestalten (Jobrotation auf anderer Abteilung, Kurzurlaube ermöglichen)

2. Job-Enrichment: Anstelle eines monotonen Arbeitsprozesses stellt ein Team ein ganzes Produkt her (vorher: ein Angestellter schliff, ein anderer klebte, der Dritte schraubte).

3. Job Selection: Bereits beim Einstellungsgespräch sollten Mitarbeitende gewählt werden, die frei von übertriebenem Idealismus (Helfersyndrom) und gesund sind sowie ein stressarmes persönliches Umfeld haben. Der Stress- und Burnout-Fragebogen sollte in das Job Interview eingebaut werden (siehe Seite 37).

4. Externer Troubleshooter: Idealerweise sollte jedem Mitarbeitenden eine externe, unabhängige Mentorstelle zugewiesen werden, bei der er belastende Erfahrungen berichten und Hilfe erwarten kann, ohne Konsequenzen fürchten zu müssen.

5. Organisationsentwicklung:
   - Unangenehme Aufgaben gerechter auf alle verteilen
   - Reibungspunkte eliminieren
   - Stellen in Konfliktabteilungen bzw. von konfliktauslösenden Mitarbeitenden gezielt und behutsam durch Umbesetzungen und Frühpensionierungen neu belegen.

6. Keine Überzeitexzesse: Arbeitsfreie Zeiten so weit als möglich respektieren.

7. Regelmäßige psychosoziale Check-ups: Von Zeit zu Zeit anonyme Mitarbeiterbefragung zu Stress und Burnout durchführen und Ergebnisse kommunizieren. Großer Vorteil: Die Burnout-Thematik wird so enttabuisiert.

8. Weiterbildung: unabdingbar für Arbeitsstellen mit rasanter technologischer Entwicklung (EDV)

9. Fürsorge und Förderung der Sozialkompetenz: Vorgesetzte sollten handeln, sobald sie bei Mitarbeitenden Erschöpfungssymptome feststellen. Idealerweise wird dem Betroffenen eine Telefonnummer mitgeteilt, unter der er extern Rat und Hilfe erhält (siehe Seite 69, Troubleshooter).

10. „Employee-Assistance-Programs" (EAP), die ursprünglich vor allem Alkoholprobleme bekämpfen sollten, widmen sich heute viel breiteren Problemspektren wie Gesundheit, Ehe, Familie, Stress und Finanzen. Derartige Programme amortisieren ihr Geld mehrfach. Obwohl diese Tatsache unumstritten ist, sind diese Einrichtungen in Europa noch rar.

11. Sozialplan (Outplacement): Wird ein Angestellter entlassen, so wäre das Evaluieren und Vermitteln einer Nachfolgestelle in vielen Fällen ein Gewinn für beide Parteien (Arbeitgeber und Mitarbeiter). Dies wird bei Massenentlassungen manchmal praktiziert. Im individuellen Fall hingegen besteht noch Nachholbedarf.

12. Workshops: Haben in Kleingruppen guten präventiven Charakter, gemäß der empirischen Forschung von M. Burisch (siehe Family-Lab auf Seite 67).

Auswahl spezifischer Präventionstechniken

Folgende Handwerkszeuge haben sich besonders bewährt:

Transaktionsanalyse

1976 hat der Amerikaner Taibi Kahler den Begriff der „Antreiber" in der Transaktionsanalyse eingeführt, d. h. von „Stimmen", die sich regelmäßig zu Wort melden und Anweisungen geben:

- Sei perfekt!
- Streng Dich an!
- Beeile Dich!
- Sei stark!
- Mach's den anderen recht!

Diese fünf Antreiber vergiften die Lebensfreude und können ein Burnout auslösen. Sie sind dann besonders gefährlich, wenn sie absolute, in jeder Situation wirksame Gebote darstellen. Es kann eine ungeheure Erleichterung bewirken, auf die eigenen Antreiber aufmerksam gemacht zu werden und sich über deren verheerende Wirkung bewusst zu werden. Ihre Entschärfung ist für den Betroffenen eine Langzeitaufgabe. Es ist für den Therapieerfolg förderlich, die „Gegengifte" groß auf ein Papier zu schreiben und an eine Wand zu heften. Auch die Anfangsbuchstaben genügen. Hauptsache, man wird immer wieder daran erinnert (Tabelle 7.3)!

„Die Überwindung von Unlust oder innerem Widerstand gegen Tätigkeiten ist die Kernursache von Erschöpfungen bei Erwachsenen." (M. Burisch)

So ist man beispielsweise häufig gerade dann maximal kraftlos, wenn sich die Steuererklärung nicht mehr verschieben lässt. Nötig ist dabei, dass man sein Leben umgestaltet, sodass der Spaßfaktor spürbar steigt. Ein Beispiel: Über 60-jährige Buchhalter haben zwischen zwei Workshops zur Stressbewältigung Inline-Skates angeschafft. Beim zweiten Treffen waren sie bereits deutlich im positiven Sinne verwandelt!

„Es ist nie zu spät für eine glückliche Kindheit!" (M. Burisch)

Tabelle 7.3: Antreiber, ihre Bedeutung und Gegenmaßnahmen

Antreiber	Bedeutung	Gegengift
1. Sei perfekt!	Mach alles, was Du tust, so gut wie möglich – auch wenn es wirklich nicht wichtig ist. (Sei erst mit dem Besten zufrieden, und weil man selbst das Beste immer noch ein bisschen besser machen kann, sei nie zufrieden, schon gar nicht mit Dir selbst.)	Auch ich darf Fehler machen! Ich brauche mich nur um Perfektion zu bemühen, wo es lohnt.
2. Streng Dich an!	Gib stets Deine ganze Kraft – der Erfolg ist zweitrangig. (Und hör erst dann auf, Dich anzustrengen, wenn Du völlig am Ende bist; auf gar keinen Fall mach's Dir leicht!)	Ich darf es mir leicht machen. Intelligent arbeiten, nicht hart!

Tabelle 7.3: Antreiber, ihre Bedeutung und Gegenmaßnahmen

Antreiber	Bedeutung	Gegengift
3. Beeile Dich!	Mach alles, was Du tust, so schnell wie möglich! (Am besten noch ein bisschen schneller. Auch wenn die Sache gar nicht eilig ist – es gibt immer viel zu tun!)	Ich darf mir Zeit lassen.
4. Sei stark!	Zeig keine Gefühle! (Gefühle sind ein Zeichen von Schwäche – also empfinde am besten gar keine.)	Ich darf wahrnehmen und zeigen, wie mir zumute ist.
5. Mach's den anderen recht!	Denk an Dich zuletzt, wenn überhaupt! Nimm Dich nicht wichtig! (Die Ansprüche der anderen sind immer wichtiger als Deine eigenen.)	Meine Bedürfnisse sind mindestens so wichtig wie die anderer. Ich bin der wichtigste Mensch in meinem Leben!

Zielanalyse

Für die Burnout-Prophylaxe unverzichtbar ist eine ehrliche und tragfähige Antwort auf diese Frage: „Was will ich eigentlich im Leben?" Das ist aus mindestens fünf Gründen wichtig:

1. Treibende Ziele mobilisieren und bündeln Energie. Dazu dürfen sie nicht trivial sein. Sie sollen ein warmes Gefühl im Bauch auslösen und im überschaubaren Rahmen realisierbar sein.

2. Ziele, beispielsweise das Sparen für ein Occasions-Segelboot, machen wachsam: Alle Informationen diesbezüglich wecken

die Aufmerksamkeit und lassen die Realisierbarkeit vorankommen.

3. Ziele verhindern Apathie: Das Gefühl der Stagnation oder des „Vor-sich-Hintrottens“ wie bei Burnout fällt weg.

4. Ziele können sich gegenseitig im Wege stehen. So kann zum Beispiel der Wunsch, Karriere zu machen und gleichzeitig eine gute Hausfrau und Mutter zu sein, einen Zielkonflikt auslösen.

5. Ziele können vergessen gehen oder durch störende Einflüsse in die Versenkung befördert werden. So drohen zum Beispiel in verschiedenen Industriezweigen Massenentlassungen mit entsprechendem Stresspotenzial. Lebenslängliche Arbeitsplatzgarantie besteht heute nicht mehr.

Es ist eine Lebensnotwendigkeit, stets einen alternativen „Plan B“ mit sich zu führen. Man gerät dann nicht so leicht in Fallen.

Konflikte offen und konstruktiv austragen

Diese Fähigkeit hat in den letzten Jahren abgenommen (kritisches, zickiges Verhalten ist „uncool“, wahrscheinlich auch aus Angst vor Arbeitsplatzverlust und Repressalien). Mobbing-Opfer oder selbst Misshandlungsopfer in der Schule offenbaren sich nicht einmal mehr den eigenen Eltern.
Hier ist ein Selbstbehauptungstraining dringend zu empfehlen. M. Burisch schlägt ein Rollenspiel mit dem Titel „Das befreiende Gespräch“ vor. Dabei soll der Betroffene seine Probleme und Konflikte in einem direkten Gespräch einem real existierenden Konfliktpartner mitteilen, z. B. anlässlich eines paartherapeutischen Gesprächs bei kleiner Psychotherapie.

Situation in Ruhe klären

Die wichtigsten Grundregeln zur Lösung psychischer Probleme sind die „3 N“:

1. *Nachdenken*
   Was sind die Ursachen für mein aktuelles Problem? Was habe ich bisher dagegen unternommen? Wie will ich es zukünftig anpacken?

2. *Niederschreiben*
   Festhalten von Empfindungen und Gefühlen. Beschreibung von psychischen Verletzungen und Schmerzen. Welche Umstände haben mir bisher dagegen geholfen oder Erleichterung verschafft? Welche Lösungswege stehen mir offen?

3. *Nicht alleine damit bleiben*
   Einschalten eines Gesprächspartners des Vertrauens, der besonders geduldig zuhören kann. Meistens ist dazu ein professioneller Therapeut nötig.

   Klären bedeutet anschließend:

   - Tatkräftig ändern, was zu ändern ist
   - Gelassen tragen, was unabänderlich ist
   - Klar unterscheiden, wann der eine oder andere Fall vorliegt.

Selbstberatung

Die Technik der Selbstberatung ist ein Vorgehen der Gesprächspsychotherapie:

1. Den Patienten 10-15 Minuten sprechen lassen. Dabei gut zuhören und Notizen machen. Typische Worte/ Redewendungen des Patienten festhalten.

2. Dem Patienten mitteilen: „Stellen Sie sich vor, zu Ihnen kommt ein Patient und erzählt Ihnen genau das, was ich gerade gehört habe.“ Dann die Kurzfassung des vorher aufgezeichneten Berichts abgeben. Dabei die Ausdrücke des Patienten verwenden.

3. Danach den Patienten fragen. „Was raten Sie Ihrem Patienten in dieser Situation?“

In diesem Verfahren kommt die Lebensregel zum Zug, dass Probleme anderer Menschen meist leichter zu lösen sind als die eigenen. Der große Vorteil für den Patienten ist, dass er selbst (mit einfühlsamer Unterstützung des Therapeuten) zu Problemlösungen gelangt, die er zuvor nicht für möglich gehalten hätte. Dies stärkt das Selbstwertgefühl enorm und motiviert, die selbst aufgezeigten Lösungswege auch zu beschreiten.

Mit ein bisschen Übung kann man die Technik auch auf sich selbst anwenden.

Brief an sich selbst

Vorsätze und Entschlüsse, die ein Therapiegespräch oder ein Workshop ausgelöst haben, werden am Ende der Veranstaltung von allen Teilnehmern niedergeschrieben. Der Leiter/Therapeut schickt diese Post nach einigen Monaten, spätestens aber nach zwei Jahren, an die einzelnen Teilnehmer.

Dies frischt die Resultate auf und fördert so die Motivation, an dem früher Erlernten weiterzuarbeiten.

Die Nähe zu Natur und Mitmenschen als Präventionschance

Die Liebe zur Umwelt (Bäume, Berge, Meer, Tiere, Pflanzen) stabilisiert die Psyche. Die besten Mitarbeiter und Vorgesetzten sind Menschen, die mit sich und ihren Schwächen im Reinen sind und Fürsorge für sich selbst und andere walten lassen. Es sind Menschen, die Fröhlichkeit kennen und in sich ruhen – kurz, Menschen, die geben können, weil sie selbst genug haben (Burisch 1987, Leighton und Roye, 1984). [10, 257 ff.]

Als Konsequenz daraus wäre folgende Haltung einzunehmen: „Ich will der heiterste, glücklichste und aufgestellteste Mitarbeiter meiner Abteilung werden", nicht aber „Ich will der tüchtigste Mitarbeiter werden."

Eigene Erfahrungen aus der Praxis

Allgemeines

Unsere moderne Arbeitswelt weist das große Problem auf, dass die eigenen Gefühle zu oft unterdrückt werden. Es besteht vielfach eine Unfähigkeit, vor allem die unangenehmen Gefühle wahrzunehmen und auszudrücken (Alexithymie).

Dies erfolgt oft aus Angst, einen schwächlichen Eindruck bei den Vorgesetzten und Mitarbeitern zu hinterlassen. Auch die Angst vor Repression, Kritik, Verstoßung und gar Gesichtsverlust mit schwerwiegenden Konsequenzen (Strafversetzung in andere Abteilung, Arbeitsplatzverlust) tragen zu einem solchen Verhalten bei.

Dem steht die persönliche Erkenntnis entgegen, dass sich durch das Offenbaren der eigenen Gefühle in angemessener, sozial verträglicher Form auch ein viel besserer Zugang zu seinem Gegenüber, sei es Vorgesetzter oder Unterstellter, gewinnen lässt. Nicht umsonst schreibt der Intensivmediziner Klaus Ratheiser: „Viele Ärzte haben keine Ahnung von sich. Deshalb können sie auch andere nicht erkennen.“ [64] Diese Aussage trifft auch für den gesamten nicht-medizinischen Arbeitssektor zu.

Die Selbsterkenntnis mit Eingestehen bestimmter persönlicher Stärken und Schwächen lässt den individuellen Schluss zu, dass gerade meine größte Stärke auch meine größte Schwäche sein kann.

Ein Beispiel dazu: Wenn ich mit allzu harter Hand meine Vorstellungen durchpeitsche, führt das je nach Machtpotenzial zu einem vordergründigen Erfolg aus meiner Sicht. Früher oder später wird jedoch irgendjemand als Opfer auf der Strecke bleiben. Dieser Verlust darf langfristig aber nicht einzig als meine Stärke eingestuft werden. Vielmehr kann er auch als Hinweis auf eine (schwerwiegende) Führungsschwäche interpretiert werden.

Klaus Ratheiser schreibt: „Wir dürfen nicht übersehen, dass wir selbst Sargnägel für andere Menschen sein können und immer wieder sind. Auch Führungskräfte werden immer Entscheidungen treffen müssen, die dem einen oder anderen nicht passen. Trotzdem müssen wir unmoderne Begriffe wie ‚Verzicht‘ oder ‚Jemandem, der besser ist, den Vortritt lassen‘ wieder üben und schätzen lernen. Und wir brauchen Lehrer und Chefs, die dafür einstehen und das vorleben.“ [64]

Zur Verbesserung der Lebensqualität am Arbeitsplatz und zur nachhaltigen Prävention von Burnout und anderen psychischen Erschöpfungszuständen sollten aus meiner Sicht folgende Verhaltenskulturen stärker trainiert werden:

Kultur der Offenheit

Die Offenheit der Empfindungen beinhaltet eine direkte, höfliche Konfrontation des Gegenübers mit den eigenen Gefühlen. Dies ist besonders in unangenehmen Situationen wichtig und verlangt ein wenig Zivilcourage und gewinnende Ehrlichkeit. Mit etwas Selbstkontrolle lässt sich dabei etwa folgendermaßen vorgehen: „Ich bin heute unter enormem Zeitdruck und fühle mich gestresst. Bitte entschuldigen Sie, wenn ich die Unterredung/die Konsultation etwas kürzer ausfallen lasse. Gerne werde ich sie das nächste Mal etwas ausführlicher gestalten."
Von manchen Betriebspsychologen wird nicht umsonst eine Kultur gefordert, in der offen über Befürchtungen, Ängste und Überforderung diskutiert werden kann. Das wäre eine Kultur, die auch den Bedürfnissen der verschiedenen Lebenszyklen (berufstätige Frauen mit Kindern) und Alterskategorien Rechnung tragen würde. Dabei sind Chefs gefragt, von denen die Mitarbeiter wissen: „Ich kann mich ohne Scheu an ihn wenden, wenn ich merke, dass meine Leistungsfähigkeit abnimmt. Ohne dass ich kompetenzmäßig ausgebootet werde und ohne Gesichtsverlust kann ich meine Arbeitszeit beispielsweise auf 80 % reduzieren lassen. Die gegenseitige Wertschätzung und das Vertrauen bleiben unangetastet."

Kultur des Lobens

Sie umfasst mehr Nähe zum Mitmenschen. Mittels Verbesserung der Beziehungsfähigkeit durch Geben von positiven Feedbacks bei guten Leistungen können Mitarbeiter und Vorgesetzte gewonnen werden. Auch ihr Leistungspotenzial lässt sich so auf simple Art und Weise deutlich positiv beeinflussen. Das Motto lautet dabei:

„Ein echtes Lob zur rechten Zeit erspart viel Müh und böse Wort."

Dies gilt speziell bei nicht sonderlich sympathischen und wenig einsatzfreudigen Mitmenschen. Die Kultur des Lobens muss in unserer Gesellschaft wieder gezielt gefördert und trainiert werden.
Bei einem Interview mit Sekretärinnen wurde folgende Aussage gemacht: „Viele Chefs haben bezüglich der sozialen Kompetenz Defizite. Sie sprechen nie ein Lob oder einen Dank aus. Dabei wäre es enorm wichtig, hin und wieder zu hören: ‚Heute habt ihr gut gearbeitet!' Das ist wertvoller als jede Prämie."

Kultur des geförderten Zweiten

Im richtigen Moment ins zweite Glied zu treten und einem besser dotierten „Konkurrenten" den Vortritt zu lassen, könnte auf den ersten Blick als Zeichen der Schwäche gelten. Dies kann sich jedoch im weiteren Verlauf als größte Stärke herausstellen, wenn damit eine Effizienzsteigerung und Gewinnoptimierung in Bezug auf das höhere Gesamtziel erreicht wird. Dann liegt es aber an den Vorgesetzten, einen solchen Verzicht rasch zu würdigen und mit einem speziellen Entgegenkommen (Kompensation) zu belohnen. Am einfachsten ist sicherlich ein anerkennendes Gespräch mit dem Hinweis, dass bei nächster Gelegenheit ein Goodwill (z. B. Bonusaufbesserung, späterer Aufstieg, mehr Freizeit) ins Auge gefasst würde.
Insbesondere muss bei entsprechenden Personalentscheidungen dieser Aspekt dem „unterlegenen" Bewerber im Voraus kommuniziert werden, um einer Demotivation vorzubeugen.

Auf diesem Gebiet ist der Nachholbedarf noch groß. Damit ließe sich aber manches Ausbrennen schon von vornherein verhindern.

Kultur der höheren Werte und der Sinngebung

Ich bin mit dem Philosophen W. Schmid einig, wenn er sagt, dass die wohl beste Therapie und Prophylaxe bei Burnout das Ausleben der Sinne ist. Wir müssen mehr Sinn-Erfahrung bei Liebes-, Familien-, Freundschafts- und Arbeitsbeziehungen aufbauen.

Dabei soll unser Sinnbedürfnis durch das Erreichen von selbst gesteckten ideellen (nicht materiellen) Zielen, Werten und Einstellungen gestillt werden. Richtungweisend ist das auch von M. Burisch (siehe Seite 72) in anderem Zusammenhang erwähnte Verhaltensmuster:

„Ich will der glücklichste und zufriedenste Mitarbeiter/Vorgesetzte sein, nicht der strebsamste, beste und mächtigste."

Der Mensch, der den Sinn des Glücklichsein- und Glücklichmachens anderer zuoberst auf seiner Prioritätenliste hat, wird auch unter erschwerten Umständen (Mutter Theresa) zu Höchstleistungen bereit sein, die ihm selbst, aber auch dem sozialen Umfeld (Familie, Arbeitgeber, Partei, Verein, Religionsgemeinschaft) exzellenten Gewinn auf lange Sicht generieren.
Dies ist die wohl bedeutendste Erfahrung meiner Praxistätigkeit im Umgang mit psychisch erschöpften, ausgebrannten Patienten. Entsprechend darf ich auch die folgenden Zitate unterstreichen: „Nur so können wir der aktuellen Sinnlosigkeit unserer westlichen Kultur entfliehen" (W. Schmid, 2007) und:

„Willst du glücklich sein im Leben, trage bei zu and'rer Glück, denn die Freude, die wir geben, kehrt ins eigene Herz zurück." (Johann Wolfgang von Goethe)

8 Therapie

Basis der Behandlungskonzepte

Die „4 E“ (nach Hillert und Marwitz [35], Brühlmann [9]):

1. Erkennen (Akzeptanz der Behandlungsbedürftigkeit)
2. Entlastung (Reduktion/Ausschalten der Stressoren)
3. Erholung (Entspannen/Batterien aufladen/Sport treiben)
4. Ernüchterung/Besonnenheit (Perfektionismus und Idealismus begrenzen bzw. reduzieren, sich abgrenzen gegen überzogene Forderungen, Eigenbedürfnisse situationsgerecht durchsetzen).

Erkennen

Im günstigsten Fall sollten schon Frühwarnzeichen wie zunehmende Erschöpfung und Resignation, Unausgeglichenheit und übermäßige Hektik vom Patienten und dessen Umfeld erkannt werden. Aber auch wenn sich eine Burnout-Erkrankung bereits etabliert hat, besteht der nicht selbstverständliche erste und wichtigste Schritt in der Akzeptanz. Der Patient hat anzunehmen, dass er in einen Zustand der Behandlungsbedürftigkeit geraten ist.

Entlastung

Zu Entlastung können unmittelbar nach der Stressexposition kurzfristige Strategien (im Bereich von einigen Sekunden oder Minuten) eingesetzt werden:

1. Spontane Erleichterung: z. B. tief durchatmen, aufstehen und sich strecken (1 bis 2 Minuten)

2. Wahrnehmungslenkung: z. B. Ferienprospekt durchblättern, Familienfotos betrachten, ein Lied oder Musikstück hören. Ziel ist, die Gedanken weg vom Stressor hin zu positiven, neutralen Eindrücken zu lenken.
3. Positive Selbstgespräche: z. B. „Das schaff' ich schon", „Ich lasse mich nicht unterkriegen", „Geduld bringt Rosen", „Nicht aufgeben gewinnt!"
4. Physische Abreaktion: z. B. 20-40 Liegestütze machen oder die Treppe hinaufrennen.

Erholung

Zum Einsatz kommen langfristige Strategien, sodass Emotionen weniger intensiv erlebt werden. Ziel der Behandlung ist es Fertigkeiten aufzubauen, die den Betroffenen gegen Stress immunisieren oder ihn die einwirkenden Stressoren besser bewältigen lassen.

Entspannung

Progressive Muskelrelaxation nach Jacobson (PMR) Die wohl bekannteste Muskelentspannungstechnik, die progressive Muskelrelaxation nach Jacobson (PMR), wird international in vielen Fällen erfolgreich eingesetzt. Abb. 8.1, 8.2 und 8.3 zeigen eine zeitsparende Variante (Kurzentspannungstechnik adaptiert nach F. Jaggi).

Funktionelle Bewegungstherapie In der funktionellen Bewegungstherapie werden **isometrische** Hals-, Brust- und Lendenwirbelsäulen-Stretchings mit jeweils 10 Sek. Anspannung bei jeder Teilübung durchgeführt (Abb. 8.4 - 8.11).

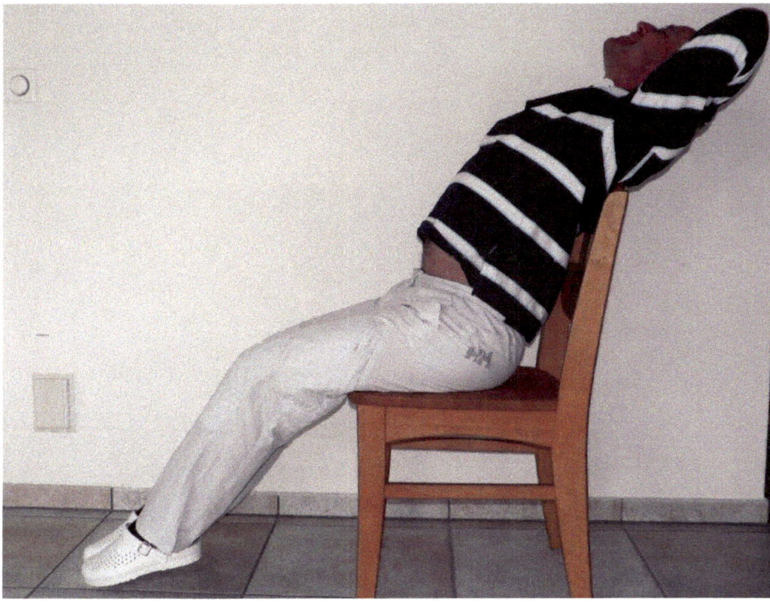

Abbildung 8.1: Extreme Anspannung aller Muskeln während 30 Sek.

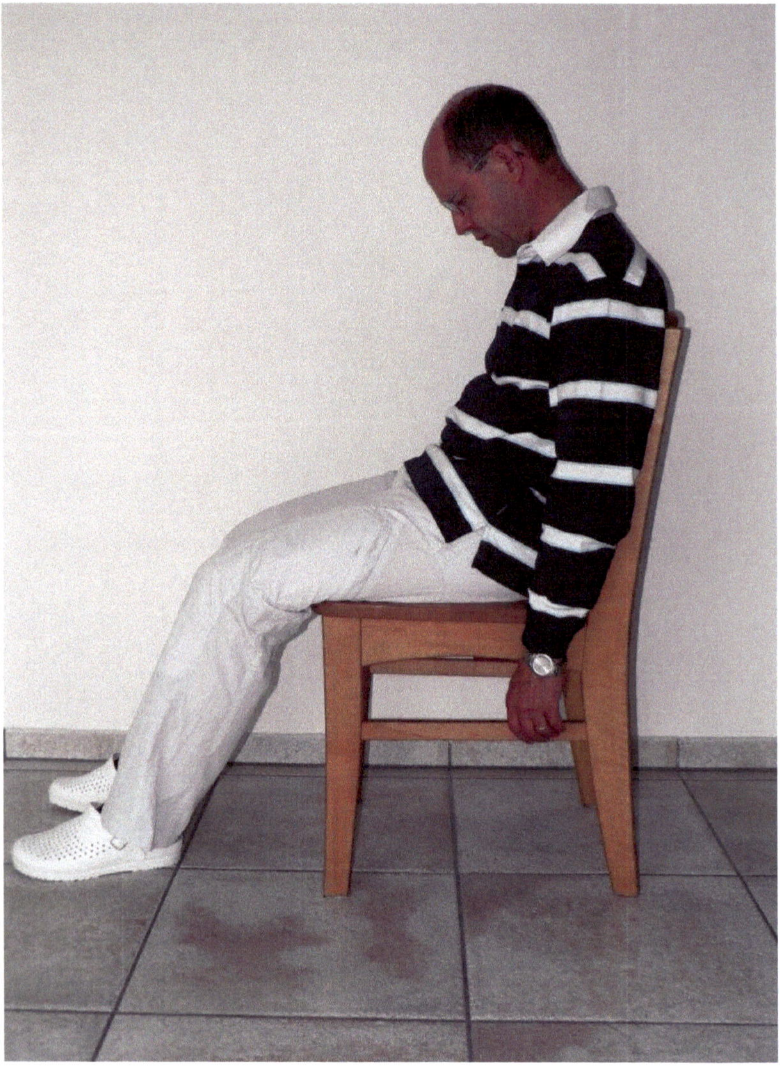

Abbildung 8.2: Erschlaffungsphase 30 Sek.

Abbildung 8.3: Ruhephase 1 Min.

Die vier Teilübungen (Abb. 8.4 - 8.7) des Halswirbelsäulenstretchings sollten als Therapieeinheit zehnmal wiederholt werden.

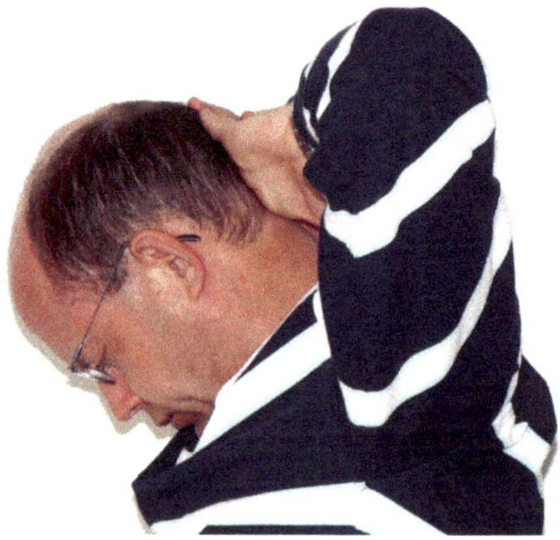

Abbildung 8.4: Forcierte Halswirbelsäulen-Beugung (Flexion) während 15 Sek.

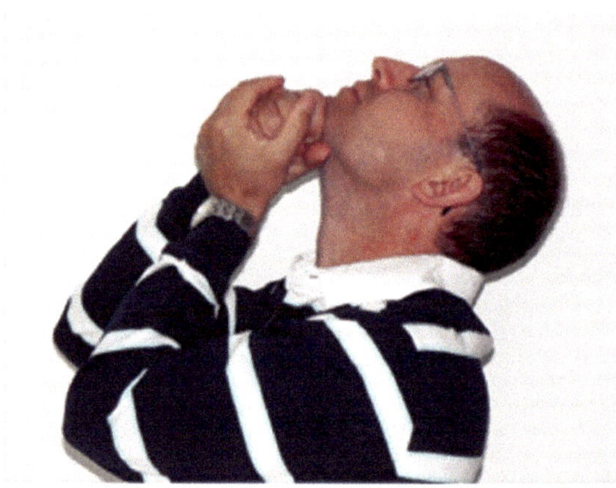

Abbildung 8.5: Forcierte Halswirbelsäulen-Streckung (Extension) während 15 Sek.

Abbildung 8.6: Forcierte Halswirbelsäulen-Drehung (Rotation) nach rechts (15 Sek.)

Abbildung 8.7: Forcierte Halswirbelsäulen-Drehung (Rotation) nach links (15 Sek.)

Die vier Teilübungen (Abb. 8.8 - 8.11) des Brust- und Lendenwirbelsäulenstretchings sollten als Therapieeinheit zehnmal wiederholt werden.

Abbildung 8.8: Forcierte Brust- und Lendenwirbelsäulen-Beugung (Flexion) während 15 Sek.

Abbildung 8.9: Forcierte Brust- und Lendenwirbelsäulen-Streckung (Extension) während 15 Sek.

Abbildung 8.10: Forcierte Brust- und Lendenwirbelsäulen-Seitneigung (Lateralflexion) nach rechts während 15 Sek.

Abbildung 8.11: Forcierte Brust- und Lendenwirbelsäulen-Seitneigung (Lateralflexion) nach links während 15 Sek.

Lach-Yoga nach Madan Kataria Der Allgemeinpraktiker Madan Kataria aus Mumbai, Indien, ist Erfinder des Lach-Yoga und war 1995 Gründer des ersten sogenannten „Lach-Clubs“ in Mumbai. Lach-Yoga beinhaltet Atemübungen, Dehn- und Streckübungen sowie Entspannungstechniken aus dem Yoga. Damit sollen Körper, Geist und Seele in einen Zustand gebracht werden, in dem sich das Lachen verselbstständigt. Das zunächst künstliche Lachen wird nach kurzer Zeit automatisch zum echten Lachen mit allen positiven Effekten auf Körper und Psyche (www.laughteryoga.org). [45]

Es gibt aktuell international über 5 000 Lach-Yoga-Clubs, so auch in zahlreichen europäischen Ländern.

Die „lachende Vulkaneruption“ mindestens dreimal hintereinander ausführen. Beim Ausführen ohne Partner sich vor einen Spiegel stellen.

Bei allen lachtherapeutischen Übungen werden neben der Muskulatur des Bewegungsapparates unzählige kleine mimische Gesichtsmuskeln aktiviert und relaxiert. Ein jugendlich-frischer, entspannter und gewinnender Gesichtsausdruck ist die Folge.

> „Wenn man richtig lacht, vergisst man sich selbst. In diesem Zustand empfindet man eine Menge positiver Gefühle.“ (Madan Kataria)

Die Abbildungen 8.12 und 8.13 zeigen eine zeitsparende Kurzübung: „Die lachende Vulkaneruption“ (adaptiert nach F. Jaggi).

Abbildung 8.12: Intensive Rumpfbeugung mit tiefer Ausatmung durch den geöffneten Mund („In den Vulkan pusten, um Feuer zu entfachen")

Abbildung 8.13: Rasches Aufrichten des Rumpfes unter Voll-Streckung der oberen Extremitäten und lautem, aus der Tiefe des Brustkorbes ausbrechendem Lachen („Vulkaneruption")

Abbildung 8.14: Gemeinsames Stretching am Konferenztisch

Abbildung 8.15: Gemeinsames Stretching in der Natur

Zufriedenheitserlebnisse Zufriedenheitserlebnisse erfährt der Patient durch das Praktizieren von Hobbys (Musizieren, Sport treiben, Kochen, Genusserfahrungen bei gutem Essen oder auch beim Lesen usw.). Auch kontemplative Techniken (Spazieren im Grünen, Beobachten von Tier- und Pflanzenwelt, Fernsehen) und die Ausübung der Religion (Gebete, Gottesdienstbesuche, Studium von kirchlichen Schriften) sind dafür sehr geeignet.

Soziale Unterstützung Das Pflegen privater und beruflicher Kontakte führt zur Stärkung des Selbstwertgefühls („Ich bin nicht alleine auf mich gestellt", „Auf diese Kollegen, auf meine Familie ist immer Verlass"). Durch den Austausch von Erlebnissen („Auch die anderen haben ähnliche Querelen zu ertragen", „Ich bin ja kein Einzelfall") sowie durch die Entgegennahme psychischer und materieller Hilfe können die Fähigkeiten zur Stressbewältigung gestärkt werden („Die anderen verstehen mich mit meinen Sorgen und denken an mich", „Ein guter Freund/Verwandter hilft mir aktiv bei der Stellensuche, gibt mir einen Zuschuss für eine Weiterbildung, sorgt ab und zu für meine Kinder.").

Ernüchterung und Besonnenheit

Bei dieser stets langfristigen Intervention ist der eigene Perfektionismus kritisch zu analysieren und gegebenenfalls zu reduzieren. Auch allzu idealistische Vorstellungen über den Arbeitsplatz sind abzubauen. Die von außen dargebotene Hilfe von Seiten der Ärzte, Therapeuten und Sozialarbeiter muss allerdings akzeptiert werden. Häufig eingesetzt werden die folgenden Interventionsmethoden:

- **Verbesserung sozialer Fähigkeiten**

  Primär soll die betroffene Person lernen, sich besser abzugrenzen. Sie soll persönliche Anliegen in geeigneter Form vertreten und unangenehme Aufgaben und Extrachargen abwehren können. Durch Teilnahme an Kommunikationskursen und Supervisionen werden in Gruppen entsprechende Fähigkeiten vermittelt, unter anderem auch mit dem Ziel, in Konfliktsituationen deeskalierend zu reagieren.

- **Verbesserung der Analysefähigkeit**

  Zeitfresser wie beispielsweise eine zu große Anzahl oder auch überlange Sitzungen und Besprechungen sollen identifiziert und den Verantwortlichen zwecks Reduktion kommuniziert werden. Dabei ist auch auf realistische Zeitpläne und die betrieblichen Interessen (maßvolle Umsetzung der anvisierten Reduktionen) zu achten.

- **Kognitive Verhaltenstherapie**

  Sie setzt voraus, dass ungünstige Einstellungsmuster gemeinsam mit der betroffenen Person identifiziert und in einem weiteren Schritt auch modifiziert werden (lernen, eigene Bedürfnisse zu formulieren). Solche adaptierten Verhaltensweisen werden in praxi erprobt und nötigenfalls fein angepasst. Damit ist zugleich der Erwerb neuer praxisbezogener Fertigkeiten (Sozialverhalten) eingeschlossen. Verhaltenstherapeuten gehen davon aus, dass die meisten menschlichen Verhaltensweisen erlernt werden (Hundeversuch von Pawlow). Den psychischen Störungen sollen dysfunktionierende Verhaltensmuster zugrunde liegen, die der Patient, eventuell durch genetische Faktoren begünstigt, im Verlauf seiner Lebensgeschichte erworben hat. Durch Verhaltensanalysen (Einstellungen, Gedanken, Emotionen, Mimik, Körperhaltungen) erarbeiten Therapeut und Patient gemeinsam die auslösenden Bedingungen des Problemverhaltens und formulieren konkrete Therapieziele.

Ein Beispiel: Vor allem bei Angst- und Zwangserkrankungen kommen Expositionstherapien zum Einsatz. Hierbei wird der Patient dem vorher vermiedenen Stimulus so lange ausgesetzt (z. B. Fliegen, Liftfahren, Treppensteigen), bis die Angstreaktion aufgrund der Gewöhnung (Habituation) abnimmt.

Ein weiteres Beispiel aus meiner Praxistätigkeit: Eine 19-jährige Verkäuferin passte sich in Beruf und Familienleben trotz innerer Abwehrhaltung gegen missliche Umstände über Gebühr an (Schikanen durch den Stiefvater, Streit mit der Mutter, ganztägige Verkaufstätigkeit alleine auf sich gestellt mit zahlreichen unbezahlten Überstunden). Um kein Zerwürfnis mit der Familie und dem Chef zu riskieren, schwieg sie trotz der zahlreichen Ungerechtigkeiten, da sie bereits als Kind stets brav und folgsam sein musste. Die Folge war eine psychische Dekompensation. Bei der ersten Konsultation in meiner Praxis wies die Patientin 40 von maximal 60 möglichen Punkten im Burnout-Screening-Inventory (BSI) auf. Das festgestellte mittelschwere Burnout-Syndrom mit Somatisierungsstörungen (Magenbeschwerden, Kopfschmerzen, Gewichtsverlust), Albträumen, Angst und Schlafstörungen sowie sozialer Isolation (Verlust des Freundeskreises) wurde mit einer Verhaltenstherapie und milder Medikation (Melitracen und Flupentixol) erfolgreich angegangen. Nach einer ärztlich verordneten Erholungsphase, drei Ferienwochen im Ausland (räumliche Distanz zum Ort des Geschehens) und zwei bis drei Verhaltenstherapie-Sitzungen vermochte die Patientin zunehmend ihre Vorgesetzten und Eltern mit ihren Gefühlen zu konfrontieren. Sie hatte ein so selbstsicheres Auftreten wiedergewonnen, dass sie die Kraft besaß, die Stelle zu kündigen und ein geordnetes Verhältnis zu ihren Eltern wiederherzustellen. Außerdem konnte sie eine harmonische, vertrauensvolle Freundschaft zu einem jungen Mann aufbauen, bei dem sie in kritischen Situationen

viel Verständnis und Unterstützung erwarten kann.
Sechs Wochen nach der Erstkonsultation hatte die Patientin ihr Burnout überwunden und war wieder zu 100 % arbeitsfähig.

Drei Monate nach der Erstkonsultation wies die Patientin im BSI noch 24 von maximal 60 Punkten auf (Burnout unwahrscheinlich). Mit der kognitiven Verhaltenstherapie wurden folgende Ziele erreicht:

- Relativierung der überzogenen Leistungsansprüche an sich selbst
- Wiederaufnahme vernachlässigter Aktivitäten und Hobbies
- Ausgeglichene Lebensführung (weniger in den Beruf investieren, mehr ins Privatleben)
- Aufbau neuer sozialer Kontakte und Intensivierung bestehender Verbindungen
- Erlernen der Fähigkeit, Ärger- und Wutgefühle bei sich zuzulassen und in geeigneter Form auch auszudrücken.

- **Tiefenpsychologische Behandlung**

  Grundkonzept ist ein Prozess zwischen Therapeut und Patient, bei dem in der früheren Entwicklung abgelaufenes Fehlverhalten wie mangelnde Zuwendung durch Eltern oder Missbrauchssituationen aufgeschlüsselt wird.

  Wenn es dem Patienten unter Führung des Psychiaters gelingt, nach Aufspüren der Hintergründe die problematischen Verhaltensmuster im Berufsalltag zu identifizieren und zu verbessern, hat dies einen positiven Effekt auf die Überwindung eines Burnouts.

  Je nach Schweregrad der Erkrankung muss eine solche Psychotherapie unter stationären Bedingungen durchgeführt werden.

Generell gilt: Die (alleinwirksame) Burnout-Therapie gibt es nicht. Hinter jedem Burnout-Fall verbirgt sich ein individuelles Schicksal, an dem sich das therapeutische Vorgehen auszurichten hat.

Empfehlenswerte Literatur zum Thema für das allgemeine Publikum: Kubassek B [49], Selby J [79], Karsten C [43] Behringer HG [3]

Stationäre Behandlung

Wenn sich ein Burnout trotz verschiedener ambulanter Therapieformen nicht behandeln lässt, kann eine Krankschreibung mit stationärer Behandlung ins Auge gefasst werden. Dies ist aber als letzte Option anzusehen, die außerdem nicht zu lange dauern sollte, denn psychosoziale Probleme sollten dort behandelt werden, wo sie entstanden sind.

Eine stationäre Behandlung sollte also nur in schweren Fällen in Betracht gezogen werden. Patienten erhalten dort eine multimodale Behandlung mit Einzeltherapien, zielgerichteten Gruppentherapien sowie Körper- und Kreativtherapien. Das Klinikleben kann durch seine Abschottung von der Arbeitswelt für gewisse Patienten vorteilhaft sein. Die Aufenthaltsdauer bewegt sich zwischen drei und zwölf Wochen. Die poststationäre Phase ist dabei sehr gründlich vorzubereiten: So ist zur Begleitung der Rückkehr – die progressiv und über mehrere Monate hinweg verteilt stattfinden muss – eine ambulante Therapie angezeigt. Die Unterstützung durch einen Coach kann sich hier als nützlich erweisen.

Recovery, ein neues Modell [15]

Diese Therapie ist als umfassender, persönlicher, tiefgründiger und potenziell lebenslänglicher Ansatz zu verstehen. Laut diesem Therapiemodell kann eine „Heilung“ verschiedenen Veränderungen unterworfen sein und verläuft nicht linear. Recovery kann auch in sehr stark ausgeprägten Burnout-Stadien zum Zuge kommen (terminale Stadien mit Depression).

Damit der Burnout-Betroffene wieder für sich sorgen *(Empowerment)* und Lebenskrisen meistern kann, braucht er in seinem Umfeld Menschen, die an ihn glauben und die Hoffnung nicht aufgeben. Der Prozess verlangt die Integration von Krankheit und Behandlung in

die Lebensgeschichte des Patienten, damit er wieder belastbar wird und Strategien zum Schutz vor Situationen von Demoralisierung und Resignation (Resilienz) entwickeln kann.
Ein grundlegender Aspekt von Recovery ist der Einbezug sogenannter „Peers“ in das Therapiemodell. Dabei handelt es sich um Personen, die selber psychologische Probleme hatten oder haben und eine Ausbildung als Begleiter oder Begleiterin auf diesem Gebiet absolviert haben. So können sie mit dem Patienten die Wahrnehmung der Krankheit, ihrer Symptome und ihrer Behandlungserfahrungen teilen. Die Peers befinden sich auf der gleichen Stufe wie die Burnout-Opfer: Sie haben die gleichen psychologischen Zustände durchlaufen, Krisen bewältigt und kennen ihre Grenzen und jene des Patienten. Die bis heute gewonnenen Erfahrungen haben gezeigt, dass Peers imstande sind, den Therapieprozess zu hinterfragen; dass sie überdies Nähe geben können, die das Pflegefachpersonal nicht zu bieten vermag und auch fähig sind, auf dem langen Weg bis zur Heilung eine Vermittlerrolle einzunehmen.

Medikamentöse Therapie

Allgemeines und Stellenwert von Vitamin B_{12}

Allgemein empfiehlt es sich, hormonelle und stoffwechselbedingte Begleitursachen der Erschöpfungssymptomatik auszuschließen (z. B. Kontrolle von Schilddrüsenfunktion, Eisen-, Zink-, Folat und Transcobalamin-[Vitamin B_{12}]-Serumspiegel). Gegebenenfalls sind zuerst die entsprechenden Defizite zu substituieren, was eine dankbare Aufgabe ist, da sie relativ rasch zu Erfolgserlebnissen führt.
Insbesondere die Substitution von Vitamin B_{12} zeitigt seit Jahren in meinem Praxisalltag große Verbesserungen der geistigen und körperlichen Leistungsfähigkeit bei erschöpften Patienten.
Folgen eines Vitamin-B_{12}-Mangels sind eine gestörte Hämatopoese (megaloblastäre Anämie) und Myelinisierungsstörungen im Nervensystem, die mit Lähmungen, Blasenstörungen, Gangstörungen, Polyneuropathie und Gedächtnisstörungen einhergehen können. (Abb. 8.16 und 8.17) [56]

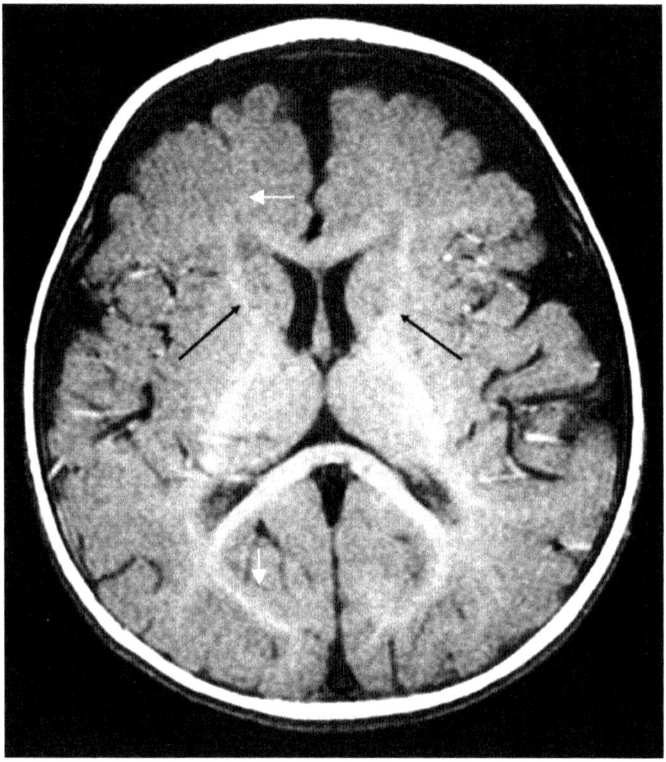

Abbildung 8.16: Schädel-MRI eines 7 Monate alten Mädchens mit „acquired floppy baby syndrome", makrozytärer Anämie und Gedeihstörung bei veganer Mutter. Für Vitamin-B_{12}-Mangel typische, verzögerte Myelinisierung, insbesondere auf Höhe des *Crus anterius capsulae internae* (schwarze Pfeile) sowie des frontalen und okzipitalen Marklagers (weiße Pfeile). Foto mit freundlicher Genehmigung des Verlags Hans Huber, Hogrefe AG, Bern und der Autoren L. J. Schlapbach und S. Fluri, Medizinische Universitäts-Kinderklinik, Inselspital, Bern. [77]

Aktuellen Untersuchungen zufolge ist eine Unterversorgung mit Vitamin B_{12} als Risikofaktor für neurodegenerative Erkrankungen (M. Alzheimer, M. Parkinson, Multiple Sklerose) anzusehen. Aber auch Krankheiten mit Veränderungen des Neurotransmittersystems wie beispielsweise Depressionen finden unter dem Aspekt des Vitamin-B_{12}-Mangels vermehrt Beachtung, was auch für die Burnout-Grundlagenforschung eine neue Dimension darstellen könnte. Interessant ist, dass Reynolds [66] und Healton [30] in Übersichtsarbeiten festhielten, dass Patienten mit Vitamin-B_{12}-Mangel ohne megaloblastäre Anämie schwerere zentralnervöse Symptome zeigten als solche mit manifester Blutarmut. Diese waren von den Vitamin-B_{12}-Serum-Konzentrationen unabhängig. Als Ursache wurden zu hohe Folsäure-Konzentrationen im Blut vermutet. [87] [67]

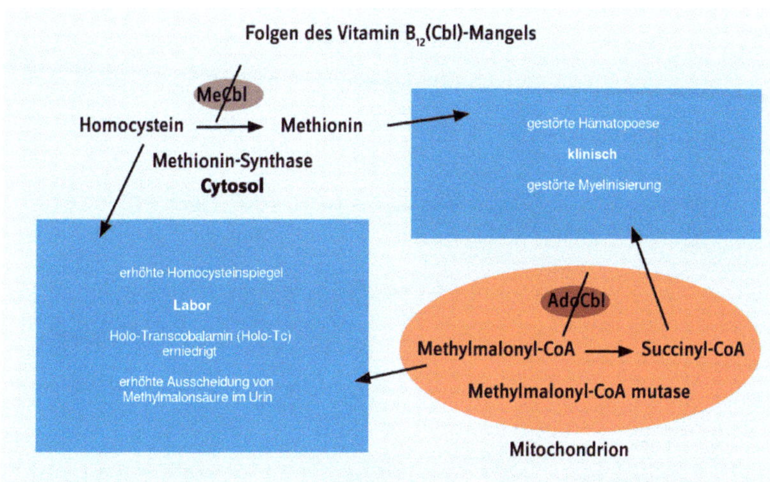

Abbildung 8.17: Auswirkungen des Vitamin-B_{12}-Mangels im Stoffwechsel. Abbildung mit freundlicher Genehmigung des Verlags Hans Huber, Hogrefe AG, Bern und der Autoren L. J. Schlapbach und S. Fluri, Medizinische Universitätskinderklinik, Inselspital, Bern. [77]

Im Rahmen einer kostenoptimierten Stufendiagnostik sollte zuerst die Holo-Transcobalamin (Holo-Tc) Bestimmung erfolgen. Holo-Tc ist „aktives", an Enterozyten-Protein gebundenes Vitamin B_{12}, das in den Körperzellen zunächst in die Enzymkofaktoren Methylcobalamin (MeCbl) und Adenosylcobalamin (Adocbl) umgewandelt wird (Abb.

8.17). Holo-Tc ist bereits erniedrigt, wenn Methylmalonsäure (MMA) und Homozystein noch im Normbereich liegen. [32] [33]
Ist Holo-Tc zu niedrig, sollte noch kostengünstig MMA aus 10 ml Spontanurin bestimmt werden. Ist dabei MMA noch innerhalb des Referenzbereichs, so handelt es sich um ein Frühstadium, ist MMA aber erhöht, so liegt bereits ein funktioneller Schaden vor. [56]
Vor Beginn einer Vitamin-B_{12}-Therapie sollten unbedingt die Eisenreserven (Ferritin) bestimmt werden. [7] Die hämatologische Antwort auf Vit.B_{12}-Gaben (s. Seite 104) ist schnell: nach ungefähr einer Woche ist eine Retikulozytose nachweisbar, nach ca. 3 Wochen ist das mittlere korpuskuläre Volumen normalisiert und nach 2 Monaten sind die Erythrozytenanzahl, nach 3 Monaten der Hämatokrit im Referenzbereich. [73]

Man beachte: Der Einsatz von Medikamenten ist abhängig vom Grad der Erschöpfung und deren Begleitsymptomen.

Beginnende Erschöpfungszeichen mit gesteigerter Aktivität

Bei beginnenden Erschöpfungszeichen mit gesteigerter Aktivität ist folgende Therapie sinnvoll:

- Vitamin-B-Komplex (Vitamin B_1, B_6, B_{12}, z. B. Benexol B_{12}), 1 Drg täglich *per os*
- Vitamine B_{12}. 1 mg i.m. oder s.c. einmal täglich während einer Woche. Darauf Fortsetzungstherapie 1 x/Woche 1 mg für 4 Wochen. Anschließend bis zur Normalisierung des Holo-Transcobalamins im Serum: 1 x/Monat 1 mg Vit B_{12} i.m./s.c. [24]
- Relaxane®, 3 x 1 Tbl. täglich (pflanzliches Heilmittel auf der Basis von Pestwurz, Passionsblume, Baldrian und Melisse)

Leichte depressive Zeichen mit Somatisierungstendenz

Sind leichte depressive Zeichen mit Somatisierungstendenz zu beobachten, ist folgendes Vorgehen empfehlenswert:

- Rebalance® 500: Hypericum-Extrakt, 1 Dosis/T. Die typischen Interaktionen mit beispielsweise Antikoagulanzien (Wirkungsverminderung) und Sonnenlichtexposition (Dermatosen) sind wegen verminderter Cytochrom-P450-Induktion (Hyperforinarmes Trockenextrakt aus Johanniskraut) geringer einzustufen als bei anderen Extrakten. [8] [89]

- Acetyl-L-Karnitin (Carnitene® 1 g/5 ml) i.m. oder i.v.: CoA-Regulator und körpereigene Substanz zur Regelung der Energieerzeugung auf zellulärer Ebene (Mitochondrien). Wird als Metabolit der Wahl bei allen Formen von Energiemangel empfohlen. [13]

- Nahrungsergänzungsmittel Carnidyn® (Acetyl-L-Karnitin Taurinat, Kreatin, Carnosin, Vitamin E, Selen, Magnesium, Kalium und Zink): 1 Sachet/T. Hat sich vor allem bei unzureichender Nährstoffzufuhr im Alter oder bei erhöhtem Bedarf (Asthenie) als wirksam erwiesen).

Schlafstörungen

Bei Ein- und Durchschlafproblemen haben sich folgende Produkte als besonders wirksam erwiesen:

- Redormin® 500 (pflanzliches Heilmittel aus Baldrian, Hopfen und Melisse): v. a. bei leichten Schlafproblemen. Ideal für längere Therapiedauer (mehrere Wochen bis Monate)

- Zolpidem (z. B. Stilnox®): Bestens wirksames Schlafmittel mit sehr wenigen Nebenwirkungen, insbesondere ohne morgendlichen Hang-over. Vor allem für Kurzzeiteinsatz geeignet (1-2 Wochen).

- Trimipramin (z. B. Trimin®, Surmontil®): Antidepressivum mit schlaffördernder Wirkung.

- Trazodon (Trittico®): älterer Serotonin-Wiederaufnahmehemmer mit sehr guten schlafinduzierenden Eigenschaften. Er kann bei Glaukom- und Prostataproblemen ohne Nebenwirkungen eingesetzt werden.

Mittlere bis schwere depressive Symptome

Bei mittleren bis schweren depressiven Symptomen mit zunehmender Unruhe, innerer Anspannung, Denkstörungen, Gehemmtheit und Angst ist folgende Therapie angezeigt:

- Deanxit® (Melitracen und Flupentixol): Kombination aus einem trizyklischen Antidepressivum und einem Neuroleptikum. Wirkt nicht sedierend und hat sich in der ambulanten Praxis seit Jahren bewährt.
- Dipiperon® (Pipamperon): Sedierendes Neuroleptikum, das insbesondere bei älteren Patienten mit Unruhe oder auch bei Alkoholabhängigkeit erfolgreich zum Einsatz kommt.
- Temesta® (Lorazepam): Benzodiazepin ist in einer Dosierung von 1-7,5 mg/d bei starker Angst und Anspannung und nur kurzfristig einzusetzen.
- Valdoxan® (Agomelatin) ist ein neues Antidepressivum mit einem neuartigen Wirkmechanismus: Es agiert als Agonist auf die elatoninrezeptoren und gleichzeitig als Antagonist an den serotonergen $5HT_{2C}$-Rezeptoren. Dieser synergistischen Wirkung sind die antidepressiven, anxiolytischen und chronobiologischen Effekte von Agomelatin zuzuschreiben. [34] Als Konsequenz dieses Wirkmechanismus werden im frontalen Kortex Dopamin und Adrenalin freigesetzt. Agomelatin bietet eine andere klinische Antwort als konventionelle Antidepressiva. [34] [62] [26] In der Tat ist die rasche antidepressive Wirksamkeit von Valdoxan® bereits ab Behandlungsbeginn erwiesen [54] [44] [34]: Die mit Valdoxan® behandelten Patienten bestätigen ab der ersten Therapiewoche, dass sie wieder Freude und Interesse an ihren Aktivitäten empfinden [58] und ihr normales Verhalten zurückkehrt, und dies ohne sedierende Nebenwirkungen. [63] Diese rasche antidepressive Wirksamkeit bleibt bei 3 von 4 Patienten auch langfristig erhalten, ohne Rückfall nach 10-monatiger Behandlung. [34] [25] [16] Die Ergebnisse der kürzlich veröffentlichten Meta-Analyse von Taylor mit über 7000 Patienten lassen darauf schließen, dass Agomelatin als Alternative zu den konventionellen Antidepressiva gelten kann, da es parallel zu seiner antidepressiven

Wirksamkeit ein günstiges Verträglichkeitsprofil aufweist. [83] Die antidepressive Wirksamkeit von Agomelatin hat sich ferner in der täglichen Praxisarbeit von Ärzten mit mehreren Tausend Patienten bestätigt. [52] [27] Dank seinem andersartigen Wirkmechanismus bietet Valdoxan® ein günstiges Verträglichkeitsprofil ohne Anstieg des Serontoninspiegels. [34] Die Leberfunktion (ALT, AST) muss bei allen Patienten vor Behandlungsbeginn (Referenzwert) sowie regelmäßig während der ersten sechs Behandlungsmonate kontrolliert werden. Agomelatin verursacht keine für Antidepressiva typische unerwünschte Wirkungen wie Gewichtszunahme oder Störungen der Sexualfunktion. Außerdem kommt es unter Agomelatin bei Behandlungsabbruch nicht zum Absetzsyndrom. [34]

- Remeron® (Mirtazapin): Serotonin- und Noradrenalin-Wiederaufnahmehemmer (SNRI) mit Histamin-antagonistischer Wirkung, der bei psychomotorischer Agitation sehr gut eingesetzt werden kann. Er hat eine stark antidepressive Wirkung mit wenigen Nebeneffekten auf die Sexualfunktion. Er reduziert chronische Begleitschmerzen und hat nur selten gastrointestinale Nebenwirkungen. [22]

- Cipralex® (Escitalopram): Selektiver Serotonin- Wiederaufnahme-Hemmer (SSRI), dessen Wirkung vor allem in Tropfenform sehr schnell eintritt und Angstzustände innerhalb einer Woche günstig beeinflussen kann.

- Efexor® (Venlafaxin): Potentes anxiolytisches Antidepressivum, das nur wenige unerwünschte Wirkungen hat (Schläfrigkeit, Mundtrockenheit) und das den psychomotorischen Effekt von Alkohol nur schwach verstärkt. Angezeigt ist es bei Patienten, die eine rasche, nicht sedierende Wirkung benötigen und bei denen gleichzeitig Alkoholmissbrauch nicht ausgeschlossen werden kann.

Wie für die stationäre Therapie gilt auch für die medikamentöse Behandlung, dass sie zurückhaltend einzusetzen ist. Der behandelnde Arzt muss sich bewusst sein, dass eine medikamentöse Burnout-Behandlung nicht den offiziellen Empfehlungen entspricht. Bei der

Verschreibung hat der Arzt daher den Patienten ausführlich über den Grund für die Wahl eines bestimmten Medikamentes zu informieren.

9 Stopp dem C19-Pandemie-Stress

Folgen der Pandemie auf unseren Gemütszustand (Languishing)

Im Frühjahr 2021 war in der New York Times in einem Artikel [28] des Organisationspsychologen Grant zu lesen:´

> *« Zu Beginn ist mir gar nicht aufgefallen, dass wir alle dieselben Symptome haben. Freunde haben erwähnt, dass sie Mühe hätten, sich zu konzentrieren. Kollegen sagten, sie spürten trotz Aussicht auf eine baldige Impfung keine wirkliche Freude und Hoffnung auf die kommende Zeit. Und ich bin, statt um 6 Uhr aufzustehen, noch bis 7 Uhr liegen geblieben und habe ein Handygame gespielt.*
>
> *Es handelt sich aber nicht um ein Burn-out – wir haben immer noch Energie. Es ist keine Depression – wir sind nicht komplett hoffnungslos. Wir fühlen uns nur irgendwie bedrückt und sind ohne Plan. Und jetzt stellt sich heraus, dass es dafür einen Namen gibt: «Languishing»[1].*
>
> *Languishing ist eine Art Stagnation und Leere. Es fühlt sich an, als würde man sich irgendwie durch den Tag wursteln und durch eine beschlagene Scheibe schauen. Und es könnte das dominierende Gefühl des Jahres 2021 sein.»*

In den USA hat obiger Artikel ein gewaltiges Echo in der Leserschaft ausgelöst: über 1200 Kommentare hat der Originaltext zur Folge gehabt und ein Mehrfaches hat wohl die zahlreich erschienene sekundäre Literatur hervorgerufen.

[1] Übersetzt heißt «Languishing»: Stagnieren, Ermatten, «vor-sich-her-Dümpeln», Leiden an innerer Leere, Feststecken.

Die Schrift von Grant hat ein Gefühl beschrieben, das offensichtlich Millionen von Menschen in der ganzen Welt empfinden. Bis dahin ist aber eine konkrete Bezeichnung dieses Gemütszustands ausgeblieben.

Gemäß einer Kommentatorin [38] hat Adam Grant einen speziellen Gemütszustand beschrieben: man ist nicht depressiv, aber es geht einem auch nicht wirklich gut. Man fühlt sich irgendwie dazwischen, ohne wirklich zu realisieren, was mit einem los ist. Ohne wirklich wahrzunehmen, dass unter Umständen etwas nicht mit einem stimmt.

> *«Einige von uns hat es aus heiterem Himmel erwischt, ausgerechnet dann, als die grosse Angst und das Leid des Jahres 2020 zu verblassen begannen. Die Pandemie hat sich in die Länge gezogen und der akute Angstzustand ist einem chronischen Trägheitsgefühl gewichen.*
>
> *Ein Problem ist, dass man in diesem Zustand gar nicht sofort feststellt, dass die Freude oder der Antrieb nachlassen. Man merkt nicht, dass man langsam in die Einsamkeit abdriftet. Die eigene Gleichgültigkeit ist einem egal.*
>
> *Und wenn man sein Leiden nicht sieht, tut man logischerweise nichts, um sich zu helfen, und sucht auch keine Hilfe. Man kommt gar nicht auf die Idee, andere um Hilfe zu bitten.»*

Grant empfiehlt als Gegenmittel das «Flow»-Konzept. Das beschreibt den mentalen Zustand, in dem man komplett in eine Beschäftigung oder Aufgabe vertieft ist, ganz im Moment aufgeht und das Gefühl von Ort und Zeit verschmelzen. «Menschen, die in der ersten Zeit der Pandemie in Ihre Projekte vertieft waren, konnten das Languishing vermeiden und sich so ihr Vor-Pandemie-Glück bewahren» stellt Grant fest.

Er empfiehlt, eine Beschäftigung (Hobby) zu finden, bei dem man sich einfach mal aus dem Gedankenkarussell ausklinken kann (Bingewatching am Abend, Jogging früh am Morgen, Schwimmtraining im Hallenbad…)

Auf den ersten Blick tönt dies alles nach einem typischen Lifestyle-Phänomen der westlichen Gesellschaft, das nur Menschen trifft, die Zeit zum Nachdenken haben.

Aber genauer betrachtet könnte Languishing eine Art Frühwarnsystem für psychische Krankheiten sein. Zum Beispiel für Depressionen oder posttraumatische Belastungsstörungen (PTSD). Dazu zitiert Grant eine Untersuchung mit italienischem Gesundheitspersonal. Bei jenen Angestellten, die im Frühjahr 2020 das Ermattungsgefühl erlebt haben, wurden später 3x häufiger ein PTSD diagnostiziert als bei ihren Kollegen.
Gemäß der Psychologin Kleim [47] lässt sich Langushing im Deutschen am besten mit Mattheit beschreiben. Man ist nicht depressiv, fühlt sich aber auch nicht gut. Languishing beschreibt den Zustand zwischen krank und gesund.
Kleim betont, dass es wichtig ist, dieses Gefühl benennen zu können. Dann können wir besser damit umgehen. «Wenn man liest, dass es Milionen von Menschen genauso geht wie einem selber, kann man seine Gefühle einordnen und fühlt sich besser, normaler.»
Es ist grundsätzlich positiv, sich über das psychische Befinden auszutauschen. Wir wissen, dass soziale Unterstützung einer der wichtigsten Faktoren für psychische Gesundheit ist und uns zum Beispiel vor stressabhängigen Erkrankungen schützen kann. Eine stigmatisierungsfreie Sensibilisierung ist daher wichtig und auch der Austausch darüber, wie wir uns fühlen. Jeder kann darauf achten, ob jemand im eigenen Umfeld davon betroffen sein könnte. Allein schon Unterstützung angeboten zu bekommen, macht für viele Betroffene etwas aus und kann sich positiv auswirken.

Therapieansätze bei Langushing

Wenn man Symptome von Langushing bei sich feststellt und dauerhaft Motivationsprobleme hat oder sich nicht mehr gut fokussieren kann oder die Arbeitskapazität reduziert ist, ist es sinnvoll, die eigenen Ressourcen zu mobilisieren und fachkompetente psychiatrisch-psychologische Hilfe zu suchen.
Kleim schlägt verschiedene Behandlungswege vor:

1. Sorge für einen möglichst guten Schlaf (Schlafhygiene: nicht bis zum Zubettgehen am Computer oder Handy beschäftigt sein)

2. Rufe als Selbstberatung Situationen ab, die du früher erfolgreich gemeistert hast. Welche Verhaltensweisen führten dazu,

dass du die damaligen Herausforderungen gut gemeistert hast? (z. B. Vertrauenspersonen, Freunde als Berater beiziehen, «Gemeinsam geht alles besser!»)

3. Positive Umbewertung: Wenn uns bestimmte Dinge passieren, können wir selbst entscheiden, ob wir sie positiv oder negativ bewerten. Eine Strategie ist es, uns anzutrainieren, schwierige Situationen oder Erlebnisse aus einer positiven Perspektive anzuschauen. «Man kann fast allem etwas Positives abgewinnen und es aus einer anderen Perspektive sehen, egal ob man das Tram verpasst hat oder die Beziehung in Brüche ging. Je mehr man das trainiert, desto eher nimmt man positive Aspekte wahr -ganz automatisch!»

«KEIN UNGLÜCK IST SO GROSS, ES HAT EIN GLÜCK IM SCHOSS.»

(Dt. Sprichwort)

Jetzt brauchen Helfende selbst Hilfe

Gemäß einer Studie, die das Forschungsinstitut gfs.bern im Auftrag der Schweizerischen Ärztegesellschaft FMH jährlich durchführt, war die Arbeitsbelastung in der Ärzteschaft schon vor der Pandemie sehr hoch. Die Zahl der Ärztinnen und Ärzte der Akutsomatik, die angeben, andauernd unter hohem Leistungsdruck zu stehen, hat zwischen 2020 und 2021 von unter 80 auf nahezu 90 Prozent zugenommen. Damit einhergehend ist auch die Zufriedenheit mit der Work-Life-Balance gesunken. Zugleich ist die Belastung durch administrative, patientenferne Tätigkeiten weiter angestiegen. Besorgniserregend ist, dass erstmals über 60 % der in der Akutsomatik und in der Psychiatrie tätigen Krankenhausärztinnnen und -ärzte angeben, meistens oder häufig unter Stress zu leiden! [36]
Zur Linderung der belastenden Situation hat die Ärztegesellschaft das psychologische Unterstützungsnetzwerk Re-Med und seine 24-h-Helpline aufgrund der Pandemie personell verstärkt.

Je länger die Pandemie andauert, desto größer wird die psychische Belastung beim Spital -und Heimpersonal: Depressionen, Ängste, Schlaflosigkeit, Burnout- und Stresssymptome fordern immer mehr Opfer.

Der Soziologe Richter [68] hat die Pandemie-Begleitsymptome der Pflegefachleute, die ihm in internationalen und eigenen Studien an der Universität Bern begegnet sind, analysiert. Dazu gehören:

Depressionen, Angstzustände, körperliche Versehrtheit, Schlaflosigkeit und posttraumatische Stresssymptome, die zum Teil erst Monate nach der Belastung auftreten, dann aber lange anhalten können.

«Dass den Pflegenden Leute wegsterben, belastet viele von Ihnen zusätzlich, die nicht die Erfahrung von Kollegen auf der Intensivstation haben.»

Suchterscheinungen wegen Alkohol und Drogen kommen auch vor, aber sind deutlich seltener.

Natürlich wirken sich solche Erkrankungen auch auf die Patientinnen und Patienten selber aus, vor allem in der Psychiatrie. Angebote waren wegen Therapeutenausfällen nicht mehr zugänglich, therapeutische Mitarbeitende nicht mehr persönlich zu sprechen und dies in einer Zeit erheblicher gesellschaftlicher und individueller Verunsicherung.

Dies wiederum hatte Konsequenzen auf das Personal im Pflege- und Therapiesektor:

Schon die Arbeit mit Maske macht es schwierig, die Gesichter der Patienten zu lesen. Außerdem fällt es gerade Fachpersonen außerordentlich schwer, über die eigene psychische Belastung zu reden.

In einer anderen Untersuchung unter dem Basler Infektiologen Battegay [1] wurden bei 260 Covid-Infizierten Angestellten des Universitätsspitals Basel der Krankheitsverlauf untersucht. Die meisten Teilnehmer hatten einen milden Verlauf. Immerhin litten aber 26.5 % auch 3 Monate nach der Infektion noch an Symptomen, zwölf Monate nach Krankheitsbeginn gaben immer noch 13.5 % an, dass Einschränkungen zurückgeblieben seien. Die am häufigsten genannten Symptome waren Müdigkeit und Erschöpfung, Geschmacks- und Geruchsverlust sowie allgemeine Schwäche, die unter dem Begriff des Long-Covid-Syndroms subsumiert werden können.

Viele der Betroffenen geben dann ihren Beruf auf, so dass diese Ausfälle den Notstand in den Krankenhäusern noch verstärken.

Um diesem Problem Abhilfe zu schaffen, wird inzwischen an fast allen größeren Schweizer Spitälern eine spezialisierte Beratung im Sinne einer Long-Covid-Sprechstunde angeboten.
Es wurde auch untersucht, wie sich die Erkrankungen am besten vermeiden oder wenigstens lindern lassen.
Als hilfreich haben sich eine professionelle Ausbildung, die Unterstützung von Kollegen, eine klare Kommunikation durch die Vorgesetzten und die nötige Information über das biologische Verhalten des C-19-Virus erwiesen.
In der Politik wird auch diskutiert, das Pflegepersonal wie in Deutschland mit einem speziellen Bonus zu belohnen. Außerdem soll angestrebt werden, die angespannte Personalsituation durch junge Leute und Wiedereinsteigerinnen zu reduzieren. Auf eine gute Arbeitsplatz-Atmosphäre ohne Überlastung ab initio müsste großen Wert gelegt werden, was in der Praxis aber nicht einfach umzusetzen ist. [11]

Abschalten vom Corona-Psychostress im kleinsten Wellnesshotel...

Wohlige Zufriedenheit lässt sich im kleinsten Wellnesshotel der Welt, der eigenen Badewanne, rasch herbeizaubern. [72]
Dabei ist dieser kleine Thermalkurort von etwas mehr als $1.0\,m^2$ Fläche ein Ort der kompletten Ruhe und Erholung. Von welchem Fleck der Erde kann man das schon behaupten?
Rothhaas als Wannen-Enthusiastin empfiehlt, während des Aufenthaltes am besten die Augen geschlossen zu halten und ein Stückchen nach unten zu tauchen: dann ist wirklich Ruhe!

> *«Das Leben mit allen seinen Ausrufezeichen ist unter Wasser plötzlich weit weg, die Alltagsgeräusche verblassen, nur aus der Ferne erahnt man, was vor sich geht. Zieht man die Ohren auch nur ein bisschen aus dem Wasser, ist man schnell wieder irgendwo eingeweiht in die umgebende Alltagsdiskussion mit dem zeitweilig nervenden Hintergrundslärm.*
>
> *Das Wannenbad hat viele Vorteile: allen voran aber:* MAN MUSS NICHTS: *nichts konsumieren, nichts produzieren, man darf einfach hineinsinken und sich aufweichen lassen».*

Abbildung 9.1: Die Badewanne als «Wellnesshotel»

Schon 1684 befand der Jesuitenpater Filippo Bounanni, dass man die Schönheit der Schöpfung am besten begreife, wenn man in der Wanne liege; der Körper müsse sinnlichen Erlebnissen ausgesetzt werden. Rothaas unterstreicht dabei, dass diese Haltung in den Zeiten zahlreicher Covid-19-Wellen wieder hochaktuell sei. Sie meint: «Ja, lieber Filippo, denn von Sinnlichkeit war in den vergangenen zwei Pandemiejahren wirklich nicht besonders viel zu spüren.»

Ein Bad im privaten kleinen Warmwasserpool bedeutet immer auch, dass man sich Zeit für sich nimmt.

«Klingelt das Telefon oder läutet die Hausglocke: Aus der Badewanne heraus springt man nicht mal schnell auf! Hier darf man ruhig mal vollkommen abschalten, eine Viertelstunde im Minimum».

Manche halten es im warmen Becken zwar nur wenige Minuten aus. Andere hört man selbst nach einer Stunde noch wohlig darin schnarchen.

Wieder anderer Benutzer überschreiten regelmäßig den perfekten Zeitpunkt, um die Wanne zu verlassen. Schwindel tritt auf und die Finger sehen wie Waschfrauenhände aus.

Einer GfK-Studie von 2013 zufolge nutzen 82 % der befragten Frauen die Zeit beim Baden für Beauty-Rituale und andere Aktivitäten, während 41 % der Männer rein gar nichts tun.
Die Badewanne ist schließlich der perfekte Rückzugsort. Es rümpft niemand die Nase, wenn es dabei mal länger dauert – anders als auf der Toilette. In Pandemiezeiten ist das Baden sogar wieder gesellschaftsfähig geworden. So hat zum Beispiel die britische Schauspielerin Hellen Mirren im Juni 2021 von ihrem Lieblingsort Badewanne aus dem US-Talkshowmaster Jimmy Fallon ein Interview gegeben – mit viel Schaum vor dem Bauch.
Nach Rothhaas darf einer der wenigen, weil machbaren Vorsätze für 2022 und später lauten:

«Alle mal ausziehen und ins Wasser steigen!»
«Ein bisschen Aufweichen in harten Zeiten, das kann Außen wie Innen nicht schaden!»

Einsamkeit: der unerkannte Killer unserer digitalen Gesellschaft

Die Philosophin und Politikwissenschaftlerin Kinnert hat in ihrem neuesten Buch [46] die Einsamkeit als Grundübel unserer Gesellschaft dargestellt mit den Worten: «Wir leben im Zeitalter der Einsamkeit und die Corona-Pandemie macht die Situation noch schlimmer!»
Die epidemische Vereinzelung hat schwerwiegende gesundheitliche Störungen zur Folge. Gemäß der Autorin ist bei alten Menschen der Grad an Einsamkeit der wichtigste Faktor, um die Lebenserwartung abzuschätzen. Es gibt medizinische Studien, wonach Einsamkeit in allen Altersgruppen etwa gleich gesundheitsschädigend ist wie der tägliche Konsum von 15 Zigaretten. Sie verursacht Stress und schädigt das Immunsystem. Einsame Menschen leiden nachweislich mehr unter Infektionskrankheiten, Bluthochdruck und kardiovaskulären Erkrankungen. Auch das Risiko, an Krebs zu erkranken, ist signifikant höher.
Das Internet und die Digitalisierung verschärfen das Problem. Alles was man konsumiert, lässt sich damit extrem individualisieren. Man

muss nicht mehr mit Familienangehörigen und Freunden zusammenkommen, um spezielle Sendungen im Fernsehen anzuschauen oder gemeinsam Radio zu hören. Man kann dies zu einem beliebigen Zeitpunkt und für sich alleine tun.

Dies und auch die sozialen Medien (YouTube, Facebook, X, ehemals Twitter) fördern das Phänomen der Vereinzelung. Man kann dank personalisierter Lieferdienste darauf verzichten, einkaufen gehen zu müssen. Nachbarn muss man nicht mehr begegnen. Ohne Begegnung entsteht aber keine Gemeinschaft.

Neben dem subjektiven Gefühl der Einsamkeit gibt es demographische Entwicklungen (z. B. Überalterung), technologische Entwicklungen (z. B. Roboter als Pflegeassistenten) und gesellschaftliche Beziehungsstörungen (z. B. Individialisierung mit Vermeidung von Zusammenleben in generationsüberschreitenden Großfamilien), die sich wechselseitig verstärken.

Einsamkeit darf dabei nicht mit Alleinsein verwechselt werden. Letzteres ist ein selbstgewählter Zustand, aus welchem man Ressourcen schöpfen kann, den man aber auch jederzeit wieder verändern kann.

Als Abhilfe sieht Kinnert die Etablierung einer Einsamkeitsinstitution durch die Politik.

Das sog. Einsamkeitsministerium nach Britischem Vorbild müsste dafür sorgen, dass vor allem ältere Generationen am sozialen Leben weiter partizipieren können. Dabei müsste das Prinzip der Subsidiarität hochgehalten werden. Bestehende Beziehungen und Strukturen sollten dabei gestärkt werden, statt neue zu schaffen. Das beinhaltet zum Beispiel die Stärkung von Nachbarschaftsgenossenschaften oder die finanzielle Entlastung von Haushalten, in denen mehrere Generationen leben (Bezahlung von betreuerischer Freiwilligenarbeit).

Interessant ist dabei ein Projekt mit der britischen Post. Alte Menschen konnten wünschen, dass der Briefträger ab und zu bei Ihnen vorbeischaut und sie nach ihrem Befinden und allfälligen Besorgungswünschen fragt.

Ein solches Instrument kann die Einsamkeit nachhaltig aufhellen.

Bei einem anderen Projekt ging es darum, dass jeder britische Hausarzt bis 2023 eine Fortbildung zum Thema Einsamkeit oder anderen sozialpsychologischen Problembereichen gemacht haben muss.

Außerdem wird in Großbritannien mittlerweile bei der Gesetzgebung darauf geachtet, dass der Einsamkeit in Bezug auf Beziehungen, Sozialleben und Gemeinschaftlichkeit kein Vorschub geleistet werden kann.

Auch sehr viele junge Menschen sind einsam, trotz zahlreicher (oder evtl. zu vieler?) Kontakte in den digitalen sozialen Netzwerken. Diesbezüglich ist aber die Qualität der Kontakte matchentscheidend, nicht die Quantität.

Die Corona-Pandemie hat das Problem der Einsamkeit verschärft durch Isolation, Quarantäne, Lockdowns, Schulschließungen, Videoseminare, virtuelle Vorlesungen und Homeoffice.

In vielen Unternehmungen wird nun überlegt, auch permanent aus dem Homeoffice die Arbeit zu verrichten, um Büromiete einsparen zu können.

Und so bequem der Gedanke ist, im Pyjama oder Sportdress von zu Hause aus zu arbeiten, so gefährlich kann es sein, wenn die Grenze zwischen Arbeit und Zuhause verwischt wird oder Arbeitnehmerinnen und Arbeitnehmer voneinander getrennt werden.

Die Vereinzelung führt so zwangsläufig zur Entsolidarisierung.

Die Hürden zur Expulsion von Mitarbeitern via Mobbing und Erniedrigung mit Zuteilung inadäquater Verlegenheitsaufträge oder Entlassung aus Gedanken der wirtschaftlichen Betriebsoptimierung sinken. Dies musste ich in meiner täglichen Praxis während der Pandemiezeit laufend feststellen.

Wie kann man dieser Tendenz trotz Covid-19 entgegenwirken?

Im Bereich des Individuums kann man die Freiwilligenarbeit durch Begleitung gehbehinderter Senioren (Spaziergänge mit Gesprächen zur mentalen und körperlichen Stärkung, zum Einkaufen, zu Besuchen von Behörden oder lieben Freuden) portieren. Auch könnte man Nachbarschaftshilfe-Organisationen aufbauen, welche in begrenzten Wohnbereichen Verantwortung für hilfsbedürftige Bewohner übernehmen.

Auf politischer Ebene müsste der mentalen Gesundheit mehr Beachtung geschenkt werden und das Thema Einsamkeit dürfte nicht länger ein Stigma bleiben.

Man kann angesichts des demographischen Wandels die kulturelle und soziale Rolle der älteren Bevölkerung ändern. In Israel gibt es diesbezüglich den Ansatz des «Smart Home». Er zielt darauf ab, dass alte Menschen möglichst lange in ihrem angestammten Umfeld leben können und sie aus der Nachbarschaft Hilfe erhalten. Ein vertrautes

Umfeld heißt auch, sich auf Rücksicht, Fürsorge, Verantwortung der Freunde und Nachbarn verlassen zu können.
Ein wichtiger Problemlöser wäre auch, die großen internationalen IT-Konzerne zu einer Mitarbeit zu bewegen, um digitale Orte für ein echtes Miteinander zu gestalten, wobei der Gewinn nicht im Vordergrund stehen sollte.
Die aktuelle Schwierigkeit ist allerdings, dass bis dato die Einsamkeit gar nicht als psychosoziales und medizinisches Problem erkannt wird – und genau darum muss die Bevölkerung diesbezüglich mehr sensibilisiert werden!
Studien aus der Schweiz zeigen [4], dass gerade junge Menschen sich (abgesehen von Senioren) am häufigsten einsam fühlen.
17 % der befragten Schweizerinnen und Schweizer gaben bei einer Erhebung 2021 an, sich sehr oft oder eher oft einsam zu fühlen. Laut der «Schweizerischen Gesundheitsbefragung» des Bundesamts für Statistik fühlten sich 2017 38 % der Bevölkerung über 15 Jahren einsam. Medizinische Studien und Forschungen ergaben, dass Einsamkeit nicht nur psychisch, sondern auch körperlich schwere Schäden anrichtet. In einem ausgeklügelten Versuch konnte nachgewiesen werden, dass das Gefühl der Einsamkeit im demselben Hirnareal empfunden wird wie der physische Schmerz.

10 Anhang

Interviews mit Führungskräften von Großunternehmen: Kernaussagen

Die Interviews zum Thema „Burnout-Interventionen am Arbeitsplatz“ wurden mit Kadermitarbeitern von Großunternehmen geführt.

1. Interview mit einem Kadermitarbeiter eines Schweizer Telekommunikationsunternehmens, November 2006:
   a) Das Buch „Throwing the elephant“: Vorgesetzte umgarnen, umzwirnen und damit versuchen, positiv zu beeinflussen.
   b) Tätigkeiten am Arbeitsplatz periodisch wechseln. Jeder Angestellte arbeitet nur sechs Monate am gleichen Auftrag.
   c) Einen internen Wechsel in eine andere Gruppe/ Abteilung und damit zu einem anderen Vorgesetzten anvisieren und möglichst rasch umsetzen.
   d) Kein Coaching am Arbeitsplatz durch interne oder externe Berater, da dies Unruhe in den Betrieb bringt. Der betroffene Mitarbeiter und dessen Chef werden unter Umständen lächerlich gemacht.
   e) Gemobbte Leute sollten möglichst rasch die Stelle wechseln (intern oder extern).
2. Interview mit einem Kadermitarbeiter einer Schweizer Bank, Dezember 2006:
   a) Burnout-Patienten werden vom Sozialdienst der Bank betreut.

b) Es sind keine therapeutischen Interventionen durch designierte Coaches am Arbeitsplatz vorgesehen und auch nicht erwünscht.

c) In speziellen Einzelfällen ist ein verdecktes Coaching möglich.

d) Überforderte und gestresste Mitarbeiter kündigen eher schnell von sich aus.

e) Bei persönlichen Aussprachen mit Vorgesetzten entstehen bei den Mitarbeitenden erfahrungsgemäß rasch Insuffizienzgefühle (Ausgeliefertsein, Bloßstellen). Bei anhaltender Krise oder späteren Konflikten wirkt sich dies sehr ungünstig aus.

f) In unserem Ressort sind innerbetriebliche Versetzungen wegen Überlastungssymptomen in andere Abteilungen / Teams selten.

g) Für Vorgesetzte werden regelmäßig diverse Stressmanagement-Kurse durchgeführt.

h) Ab dem Alter von 55 Jahren wird ein Goodwill (Senioritätsbonus) ausbezahlt.

3. Interview mit einem Kadermitarbeiter eines internationalen Telekommunikations-Unternehmens, Dezember 2006:

   a) Keine therapeutischen Interventionen durch deklarierte Coaches, Ärzte und Psychologen vorgesehen.

   b) Ein verdecktes Coaching wird aber nach Rücksprache mit dem Vorgesetzten und dem erkrankten Mitarbeiter durchgeführt.

   c) Das Betriebsklima ist entscheidend:
   Üblicherweise herrscht ein sehr tolerantes Betriebsklima mit Schwergewicht auf Kollegialität und Vertrauen. Auch querschlagende Meinungen sind akzeptiert und werden zur Horizonterweiterung auch bei Bedarf umgesetzt.

   d) Intensive Mitarbeiter- und Kaderschulung zur Stressprophylaxe durch klinische Psychologen der Universität Copenhagen/Dänemark.

   e) Wenige Kündigungen wegen Stress und Burnout.

f) Sehr interessanter Senioritätsbonus schon in jungen Jahren (z. B. bereits nach fünfjähriger Betriebszugehörigkeit).
g) Ausgeprägtes soziales Engagement z. B. für Familie ist erlaubt und gefördert: So können Mitarbeitende bei Erkrankung des Ehepartners/der Ehepartnerin problemlos freie Tage beziehen.

Zitate zu Burnout

„Burnout ist zwar keine typische psychiatrische Diagnose, aber ein vielfältiges modernes Thema, mit dem sich die Auseinandersetzung menschlich und medizinisch lohnt." (T. Brühlmann, Vortrag „Burnout-Symposium", Privatklinik Hohenegg, Meilen, Juni 2007)

„Die Attraktivität des Burnout-Konzepts liegt darin, dass es die Erschöpfung auf übermäßigen Stress zurückführt und kaum stigmatisiert." (D. Hell, Vortrag „Burnout-Symposium" Privatklinik Hohenegg, Meilen, Juni 2007).

„Das Ideal der (arbeitspsychologischen) Selbstverantwortung kann zum Leiden an Selbstüberforderung werden, wenn nicht gesehen wird, dass ein Individuum einen tragfähigen sozialen Boden (Respekt, Gerechtigkeit, sinngebende Arbeit, Anerkennung, Gemeinschaftssinn) benötigt." (D. Hell, Zürich).

„Beste Therapie bei Burnout: Sinne ausleben lassen. Mehr Erfahrungen von Sinnen in der Seele (Liebesbeziehungen, Freundschaftsbeziehungen, Familienbeziehungen), mehr Erfahrungen in der Beziehung zur Natur, zur Heimat, mehr Gespräche führen mit Menschen (fördert Vertrauen), mehr Sinngefühl im Denken, was Gespür bei Menschenführung, aber auch Transzendenz (Zusammenhang von unserer Endlich- und Unendlichkeit) betrifft.

Dabei sollen alle ihr Sinnbedürfnis stillen mit Erreichen von selbst gesteckten Zielen:

- Ideelle (nicht materielle) Ziele

- Werte
- Einstellungen

Nur so können wir der aktuellen Sinnlosigkeit unserer westlichen Kultur entfliehen."(W. Schmid, Philosoph, Berlin, „Burnout-Symposium" Privatklinik Hohenegg, Meilen, Juni 2007).

Literatur

[1] Martinez A.E. und et al. „Long term outcome after Sars-CoV-2 infekction in healthcare workers: a single center cohort study". In: *Swiss Med. Wkly* (2021), S. 151.

[2] A Antonovsky. *Unraveling the mystery of health. How people manage stress and stay well.* San Francisco: Jossey-Bass Publishers, 1988.

[3] HG Behringer. *Ausgebrannt? Aufatmen - Kraft schöpfen - Neu werden. Heilungsmeditationen.* Audio CD. Kösel, 2005.

[4] *Benini S., Einsamkeit ist eine Epidemie.* 2021. URL: `http://www.tamedia.ch` (besucht am 28. 12. 2022).

[5] P Biaggi, S Peter und E Ulrich. „Stressors, emotional exhaustion and aversion to patients in residents and chief residents – what can be done?" In: *Swiss Med Wkly* 133 (2003), S. 339–346.

[6] *Bibel, Altes Testament. 2. Moses 18, 17-18.*

[7] N Bizzaro und A Antico. „Treatment of pernicious anemia: Which is the best option?" In: *Autoimmun Rev* 13 (2014), S. 779.

[8] A Brattstrom und et al. „Der Johanniskrautextrakt Ze 117. Wirksamkeit und Sicherheit." In: *Dtsch Apotheker Ztg* 142 (2002), S. 97–101.

[9] T Brühlmann. „Was ist Burnout?" In: *Praxis* 96 (2007), S. 901–905.

[10] M Burisch. *Das Burnout-Syndrom.* Heidelberg: Springer, 2006.

[11] *Büttner J-M., Jetzt brauchen Helfende selbst Hilfe.* 2021. URL: `http://www.tamedia.ch` (besucht am 22. 04. 2021).

[12] C Cherniss und DL Krantz. *Stress and burnout in the human service professions. The ideological community as an antidote to burnout in the human services.* Hrsg. von BA Fabert. New York: Pergamon Press, 1983, S. 198–212.

[13] H Czeczot und et al. „Role of L-carnitine in metabolism, nutrition and therapy." In: *Postepy Hig Med Dosw* 59 (2005), S. 9–19.

[14] T Von Däniken. *Unipublic-Burnout.* 2015. URL: www.uni-public.unizh.ch.

[15] L Davidson, J Rakfeldt und J Strauss. *The roots of recovery movement in psychiatry. Lessons learned.* Wiley Blackwell, 2010.

[16] K Demyttaenere und et al. „A pooled analysis of six month comparative efficacy and tolerability in four randomized clinical trials: agomelatine versus escitalopram, fluoxetine, and sertraline." In: *CNS Spectrum* 18(3) (2013), S. 163–170.

[17] H Dilling, W Mombour und MH Schmidt. *Internationale Klassifikation psychischer Störungen. ICD-10, Kapitel V. Klinisch-diagnostische Leitlinien.* Bern/Göttingen: Hans Huber, 1991.

[18] K Duffner. „Wege aus der Falle." In: *Psychiatrie und Neurologie Aktuell* 2 (2007), S. 8–10.

[19] RM Epstein und MS Krasner. „Physician resilience: what it means, why it matters, and how to promote it." In: *Acad Med.* 88(3) (2013), S. 301–303.

[20] HJ Freudenberger. „Staff burn-out." In: *Journal of Social Issues* 30 (1974), S. 159–164.

[21] HJ Freudenberger und G Richelson. *Burn-Out. The High Cost of High Achievement.* Garden City, N.Y.: Anchor Press, 1980.

[22] R Freynhagen und et al. „The effect of mirtazepine in patients with chronic pain and concomitant depression." In: *Curr Med Res Opin* 22 (2006), S. 257–264.

[23] C Goehring u. a. „Psychosocial and professional characteristics of burnout in Swiss primary care practitioners: A cross-sectional survey." In: *Swiss Med Wkly* 135 (2005), S. 101–108.

[24] N Gökok und et al. „Pancytopenia, Hemolytic Anemia and Schizocytes: a Pragmatic Approach." In: *Praxis* 104(14) (2015), S. 751–754.

[25] GM Goodwin und et al. „Long-term treatment with ago melatine: prevention of relapse in patients with major depressive disorder over 10 months." In: *Neuropsycho pharmacol* 18 (2009), S. 338.

[26] P Gorwood. „Restoring circadian rhythms: a new way to successfully manage depression." In: *J Psychopharmacol* 8(suppl.) (2010), S. 15–19.

[27] P Gorwood und et al. „Is it worth assessing progress as early as week 2 to adapt antidepressive treatment strategy? Results from a study on agomelatine and a global meta-analysis." In: *Eur Psychiatry* 28(6) (2013), S. 362–371.

[28] *Grant A., Feeling Blah During the Pandemic? It's Called Languishing*. 2021. URL: http://www.nytimes.com (besucht am 19. 04. 2021).

[29] S Grebner u. a. *Stressstudie 2010: Stress bei Schweizer Erwerbstätigen – Zusammenhänge zwischen Arbeitsbedingungen, Personenmerkmalen, Befinden und Gesundheit*. Staatssekretariat für Wirtschaft (SECO). 2011.

[30] EB Healton u. a. „Neurologic aspects of cobala-mindeficiency". In: *Medicine* 70 (1991), S. 229–245.

[31] H Herrman u. a. „What is resilience?" In: *Can J Psychiatry* 56(5) (2011), S. 258–265.

[32] W Herrmann u. a. „Functional vitamin B_{12} deficiency and determination of holo transcobalamin in populations at risk." In: *Clin Chem Lab Med* 41 (2003), S. 1478–1488.

[33] W Herrmann u. a. „The usefulness of holotranscobalamin in predicting vitamin B_{12} status in different clinical settings." In: *Current Drug Metabolism* 6 (2005), S. 47–53.

[34] IB Hickie und NL Rogers. „Novel melatonin-based therapies: potential advances in the treatment of major depression." In: *Lancet* 378 (2011), S. 621–631.

[35] A Hillert und M Marwitz. *Die Burnout-Epidemie oder Brennt die Leistungsgesellschaft aus?* München: C. H. Beck, 2006.

[36] Siroka J. „Wie geht es uns Ärztinnen und Ärzten in der Pandemie?" In: *Schweiz. Ärztezeitung* 102(44) (2021), S. 1431.

[37] F Jaggi. *Burnout - Fortbildungsgrundlage für Ärzte.* Thieme Refresher Psychologie. Thieme, 2014.

[38] *Jeitziner D., Fühlen Sie sich auch so ein bisschen bäh?* 2021. URL: www.tamedia.ch (besucht am 16. 05. 2021).

[39] G Kaluza. *Stressbewältigung.* Berlin: Springer, 2011.

[40] R von Känel. „Was der Klinikarzt vom Burnout-Syndrom wissen sollte. Von der gezielten Fragestellung bis zur Übermittlung der Verdachtsdiagnose." In: *Klinikarzt* 45(1) (2016), S. 26–32.

[41] R von Känel. „Primary and Hospital Care." In: *Allgemeine Innere Medizin* 17(3) (2017), S. 51–56.

[42] RA Karasek und T Theorell. *Healthy Work: Stress Productivity and the Reconstruction of working Life.* New York: Basic Books, 1990.

[43] C Karsten. *Burnout besiegen, das 30-Tage Programm.* 3. Auflage. Freiburg: Herder, 2005.

[44] S Kasper und et al. „Efficacy of the novel antidepressant agomelatine on the circadian rest-activity cycle, depressive and anxiety symptoms in patients with Major Depressive Disorder. A randomized, double-blind comparison with sertraline." In: *J Clin Psychiatry* 71 (2009), S. 109–120.

[45] M Kataria. *Lachen ohne Grund. Eine Erfahrung, die Ihr Leben verändern wird.* Petersberg: Via Nova, 2002.

[46] D Kinnert und M Bielefeld. *Die neue Einsamkeit – und wie wir sie als Gesellschaft überwinden können.* Hamburg: Hoffmann und Campe, 2021.

[47] *Kleim B., Man kann fast allem etwas Positives abgewinnen.* 2021. URL: www.tamedia.ch (besucht am 16. 05. 2021).

[48] MS Krasner u. a. „Association of an educational program in mindful communication with burnout, empathy, and attitudes among primary care physicians." In: *JAMA* 302(12) (2009), S. 1284–1293.

[49] B Kubassek. *Burnout.* Landsberg: Moderne Verlagsgesellschaft, 2005.

[50] D Kursner und B Danuser. „Die Arbeitsmedizin nimmt die psychische Gesundheit der Schweizer Ärztinnen und Ärzte unter die Lupe." In: *Schweiz Med Forum* 7 (2007), S. 7–8.

[51] M Lammert. „A group experience to combat burnout and learn group process skills." In: *Journal of Nursing Education* 20 (1981), S. 41–46.

[52] G Laux und et al. „The antidepressant agomelatine in daily practice: results of the non-interventional study VIVALDI." In: *Pharmacopsychiatry* 45(7) (2012), S. 284–291.

[53] RS Lazarus. *Stress and Emotion: A new synthesis.* Berlin: Springer, 1999.

[54] P Lemoine, C Guilleminault und et al. „Improvement in subjective sleep in major depressive diesorder with a novel antidepressant, agomelatine: randomized, double- blind comparison with venlafaxine". In: *J Clin Psychiatry* 68(11) (2007), S. 1723–1732.

[55] K Leppert, B Koch und E Brähler et al. „Klin. Diagnostik u. Evaluation." In: *J Nurs Meas.* 1. Jg. (2008), S. 226–243.

[56] S Lorenzl. „Veränderungen des Vit. B12-Stoffwechsels bei neurologischen Erkrankungen." In: *Abbott Times* 17 (2007), S. 10–15.

[57] SR Maddy. *Personality and Disease. Issues and Interventions in Stress Mastery.* Hrsg. von HS Friedman. New York: Wiley, 1990.

[58] MD Martinotti und et al. „Agomelatine versus venlafaxine XR in the treatment of anhedonia in major depressive disorder: A pilot study." In: *J Clin Psychopharmacol* 32(4) (2012), S. 487–491.

[59] C Maslach und SE Jackson. *Maslach burnout inventory („Human services survey").* Palo Alto, CA: Consulting Psychologists Press, 1981.

[60] C Maslach und SE Jackson. „The measurement of experiences burnout." In: *Journal of Occupational Behaviour* 2 (1981), S. 99–113.

[61] B Meschkutat, M Stackelbeck und G Langenhoff. *Mobbing-Report. Eine Repräsentativstudie für Deutschland.* Schriftenreihe der Bundesanstalt für Arbeitsschutz und Arbeitsmedizinische Forschung. Dortmund, 2002.

[62] MJ Millan und et al. „The novel melatonin agonist (S20098) is an antagonist at 5HT2c receptors, blockade of which enhances the activity of frontocortical dopaminergic and adrenergic pathways." In: *J Pharmacol Exp Ther* 306 (2003), S. 954–964.

[63] S Mouchabac und et al. „Article 1836, Functional remission in depression and patient satisfaction index: results of the DIAPASON study." In: *Eur Psychiatry* 28 (suppl 1) (2013).

[64] K Ratheiser. *Der missachtete Mensch.* Wien: Seifert, 2007.

[65] „Références en santé au travail (FRPS 38)." In: n° 138 (2014). URL: `http://www.inrs.fr/accueil/produits/mediatheque/doc/publications.html?refINRS=FRPS%2038`.

[66] E Reynolds. „Vitamin B_{12}, folic acid, and the nervous system." In: *Lancet Neurol* 5 (2006), S. 949–960.

[67] EH Reynolds. *Interrelationships between the neurology of folate and vitamin B_{12} deficiency.* In: *Folic acid in neurology, psychiatry and internal medicine.* Hrsg. von MI Botez und EH Reynolds. Raven Press, 1979, S. 501–515.

[68] *Richter D., Pandemiebewältigung in der psychiatrischen Versorgung.* 2020. URL: `http://www.upd.ch` (besucht am 03. 04. 2020).

[69] M Robbe-Kernen und R Kehtari. „Les professionnels de la santé face au burnout. Facteurs de risque et mesures préventives." In: *Rev Med Suisse* (2014), S. 1787–1792.

[70] I Rösing. *Ist die Burnout-Forschung ausgebrannt? Analyse und Kritik der internationalen Burnout- Forschung.* Heidelberg: Asanger, 2003.

[71] W Rössler. „Depression und Burnout." In: *Praxis* 103 (18) (2014), S. 1067–1070.

[72] *Rothhaas J., Eine Hymne auf die Badewanne.* 2022. URL: `http://www.tamedia.ch` (besucht am 10. 01. 2022).

[73] P Rufenacht, S Mach-Pascual und A Iten. „Vitamin B_{12} deficiency: a challenging diagnosis and treatment." In: *Revue Med Suisse* 4 (2008), S. 2212–2214, 2216–2217.

[74] WB Schaufeli und D Enzmann. *The burnout companion to study & practice.* London: Taylor & Francis, 1998.

[75] WB Schaufeli, C Maslach und T Marek. *Professional burnout: Recent developments in theory and research.* Series in Applied Psychology. New York: Chr. Maslach, 1993.

[76] MF Scheier und CS Carver. „Effects of optimism on psychological and physical well-being: Theoretical overview and empirical update." In: *Cognit Ther Res* 16(2) (1992), S. 201–228.

[77] LJ Schlapbach u. a. „Floppy Baby mit makrozytärer Anamie und veganischer Mutter." In: *Praxis* 96 (2007), S. 1309–1314.

[78] J Schumacher u. a. „Die Resilienzskala – Ein Fragebogen zur Erfassung der psychischen Widerstandsfähigkeit als Personmerkmal." In: *Z Klin Psychol Psychiatrie Psychother.* 53(1) (2005), S. 16–39.

[79] J Selby. *Arbeiten ohne auszubrennen.* München: dtv, 2004.

[80] TD Shanafelt u. a. „Changes in Burnout and satisfaction with work-life balance in physicians and the general US working population between 2011-2014." In: *Mayo Clin Proc.* 90 (12) (2015), S. 1600–1613.

[81] J Siegrist. „Berufliche Gratifikationskrisen und depressive Störungen. Aktuelle Foschungsevidenz." In: *Nervenarzt* 84 (2013), S. 33–37.

[82] *Stress bei Erwerbstätigen in der Schweiz Unipu.* 2010. URL: `www.seco.admin.ch`.

[83] D Taylor und et al. „Antidepressant efficacy of agomelatine: meta-analysis of published and unpublished studies." In: *BMJ* 348 (2014), g1888.

[84] J Torgler und J Desmeules. *Consommation de substances, stress et santé des médecines des HUG.* Genève: Université de Genève, 2002.

[85] BN Uchino. „Understanding the links between social support and physical health: a life-span perspective with emphasis on the separability of perceived and received support." In: *Perspect Psychol Sci* 4(3) (2009), S. 236–255.

[86] GM Wagnild und HM Young. „Development and psychometric evaluation of the Resilience Scale." In: *J Nurs Meas.* 1(12) (1993), S. 165–178.

[87] AH Waters und DL Mollin. „Studies on the folic acid activity of human serum." In: *J Clin Pathol* 14 (1961), S. 335–344.

[88] CP West u. a. „Intervention to promote physician well-being, job satisfaction, and professionalism: a randomized clinical trial". In: *JAMA Intern Med* 174(4) (2014), S. 527–533.

[89] DL Whitten und et al. „The effect of St. John's wort extracts on CYP3A: A systematic review of prospective clinical trials." In: *Br J Clin Pharmacol* 62 (2006), S. 512–526.

[90] *WHO anerkennt, dass Burnout zu Gesundheitsschäden führen kann – NZZ.* NZZ. 2019. URL: `https://www.nzz.ch/wissenschaft/burnout-ist-nun-eine-von-der-who-offiziell-anerkannte-krankheit-ld.1485313` (besucht am 28. 05. 2019).

[91] D Zapf und C Gross. „Conflict escalation and coping with workplace bullying. A replication and extension." In: *European Journal of Work and Organizational Psychology* 10 (2001), S. 497–522.

Register